MASCHA KAUKA

Pilze

100 Lieblingsrezepte

Weltbild

Herzlichen Dank an
Marion Wenzel und Barbara Leeb,
Hotel Hochschober, für ihre
liebenswürdige Unterstützung!

Impressum

Konzeption, Redaktion und Rezepte:
Mascha Kauka, Moosburg
Ingeborg Pils, München
Dipl. oec. troph. Andrea Brenner

© 1998 Fotos
Hans Döring, München und RV-Officin
M. Pohl Verlag GmbH & Co, Moosburg,
Károly Hemzö,
S.10 und 11: Frank Hecker, Hans E. Laux

Umschlaggestaltung und Layout:
H.S. Medien GmbH, Helma Strobel,
Starnberg

Lithoarbeiten:
Kaltner Media GmbH, Bobingen

Druck und Bindearbeit:
Appl, Wemding

Printed in Germany

ISBN3-89604-247-5

MASCHA KAUKA

Weltbild

Inhaltsverzeichnis

Vorwort

Ein Mensch, dem vieles gelingt, ist ein rechter „Glückspilz". In Kinderbüchern schlafen Wichtel gemütlich unter großen Pilzhüten, und mit Pilzformen wird an Silvester Blei gegossen, um das zukünftige Glück zu bestimmen. Volksmund, Märchen und Brauchtum gehen mit Pilzen liebevoll um.

Schon allein die Pilznamen zu studieren, ist äußerst vergnüglich: Ein „schuppenstieliger Hexenröhrling" könnte Angst einjagen, dabei ist er einer der besten Speisepilze. Mit dem „Frostschneckling" hat man eher Mitleid, und „gedrungener Wulstling" oder „Hohlmütze" hört sich wie ein Schimpfwort an.

Pilze „in freier Wildbahn" sind Natur pur, von überwältigender Vielfalt und höchst attraktiv – auch wenn man sie nicht alle essen kann.

Denkt man an Pilze, denkt man an Waldluft, Vogelgezwitscher und blühenden Wiesengrund. Zu dieser Idylle gesellt sich allerdings auch das angeborene Jagdfieber, denn „Pilze sammeln" heißt Beute machen, ernten – und zwar gut und gratis. Wo gibt es das noch?

Natürlich sind manche Pilze giftig, aber keine Angst! Nehmen Sie ein Handbuch mit, um weniger genießbare Pilze nicht unnötig abzuschneiden. Fragliche Exemplare werden gesondert gelegt und der Pilzberatungsstelle Ihrer Gemeinde gezeigt. So lernen Sie dazu und können Ihre Schätze beruhigt genießen.

Pilzgerichte sind Leibspeisen, nicht nur für Vegetarier, schnell gekocht, gut vorzubereiten, zum Einfrieren geeignet, oft figurfreundlich, raffiniert und stets lecker und edel.

Um so viele Vorzüge richtig in Szene zu setzen, gibt das Kapitel „Warenkunde" in diesem Buch die nötige Information. Auch die verschiedenen Zuchtpilze werden ausführlich vorgestellt, denn nicht jeder hat den Schwammerlwald hinter dem Haus, und schließlich ist es keine Schande, zum Pilzesammeln auf den nächsten Markt zu gehen.

Selbst mit den angebotenen Zuchtpilzen und getrockneten Pilzen können Sie ein Glückspilz in der Küche sein.

Warenkunde

Feine Wildpilze

Steinpilz, Herren- oder Edelpilz. Der Röhrenpilz wächst von Sommer bis Herbst in Laub- und Nadelwäldern. Sein Fleisch ist weißlich, von mildem, nussigen Geschmack. Er kann auch roh gegessen werden. Zum Trocknen geeignet.

Maronenröhrling. Ist schon im Sommer zu finden, hauptsächlich aber im Herbst. Im Nadelwald wächst er in Masssen, vereinzelt auch im Laubwald. Sein Fleisch ist weißlich/blaßgelb, im Anschnitt oder auf Druck verfärbt es sich blau. Hervorragend für alle Gerichte und zum Trocknen geeignet.

Goldröhrling, Goldgelber Lärchenröhrling. Wächst in Sommer und Herbst im Nadel- und Mischwald. Immer unter Lärchen. Die Huthaut ist schleimig, sein Fleisch gelblich, weich. Haut abziehen oder waschen. Guter Speisepilz.

Sandröhrling. Im Sommer und Herbst im Nadelwald, besonders unter Kiefern. Die leicht filzige Huthaut wirkt, als wäre sie besandet. Sein Fleisch ist mehr oder weniger gelb, im Anschnitt verfärbt es sich leicht blau. Gut für alle Mischpilzgerichte geeignet.

Butterpilz. Der Röhrenpilz wächst von Sommer bis Herbst häufig im Kiefernwald, auf Lichtungen und an Wegen. Sein Fleisch ist buttergelb und weich, von gutem Geschmack, besonders zum Braten geeignet. Butterpilze nicht waschen!

Heide-Birken-Rotkappe. Ein Röhrenpilz, der im Sommer und Frühherbst wächst. Unter Birken zu finden, besonders in Heidelandschaften. Das Fleisch ist fest und weißlich. Bei der Zubereitung färbt es sich allerdings lila bis schwarz. Beträufeln der rohen Pilzstücke mit Zitronensaft schwächt die Verfärbung etwas ab.

Echter Pfifferling, Reherl, Nagerl, Eierschwamm. Gehört zu den Leistenpilzen und wächst in Massen von Juli bis Oktober in Laub- und Nadelwäldern. Sein Fleisch ist, wie der ganze Pilz, kräftig - bis blaßgelb, sein Geschmack pfeffrig, sehr würzig. Einer der beliebtesten Speisepilze, obwohl schwer-verdaulich. Nicht einfrieren, nicht trocknen!

Trompetenpfifferling. Ein später Leistenpilz, der von Oktober bis Dezember vor allem im Nadelwald vorkommt. Wächst häufig flächendeckend in großen Mengen. Sehr aromatisch.

Herbsttrompete. Totentrompete. Eine Kraterelle, die vom Hochsommer bis Herbst im Buchenwald wächst. Einer der allerbesten Speisepilze, vergleichbar mit Trüffel und Morchel. Frisch, getrocknet und in Pulverform von feinster Würze.

Schweinsohr, Keulenpfifferling, Keulenkraterelle. Nur im Spätsommer im Nadel- und Mischwald, allerdings in großen Gruppen. Der unscheinbare Pilz hat weißes, kerniges Fleisch und ist hocharomatisch. Für alle Speisen geeignet.

Wiesenchampignon. Feldegerling. Dieser Lamellenpilz ist der „wilde" Bruder unseres Zuchtchampignons und findet sich von Mai bis Oktober auf Wiesen und Weiden. Mildes Aroma, kann roh gegessen werden. Nicht verwechseln mit dem tödlich giftigen Knollenblätterpilz! Unterschied: Der Giftpilz hat immer weiße Lamellen, der Champignon rosa bis braune.

Anischampignon. Anisegerling. Im Sommer und Herbst im Laub- und Nadelwald, aber auch in Parkanlagen. Sein weißes, knackiges, Fleisch duftet roh nach Anis. Beim Kochen verändert sich dieser Geschmack zum allerköstlichsten Aroma.

Parasolpilz, Riesenschirmling. Einer der größten Lamellenpilze, im Sommer und Herbst auf Lichtungen und Wiesen. Das weiße, weiche Fleisch des Hutes hat nussigen Geschmack. Nur junge

Steinpilz

Butterpilz

Maronenröhrling

Heide-Birken-Rotkappe

Goldröhrling

Echter Pfifferling

Sandröhrling

Trompetenpfifferling

Herbsttrompete

Parasol

Zigeuner

Schweinsohr

Grünling

Stockschwämmchen

Wiesenchampignon

Frauentäubling

Spitzmorchel

Anischampignon

Schwarze Trüffel

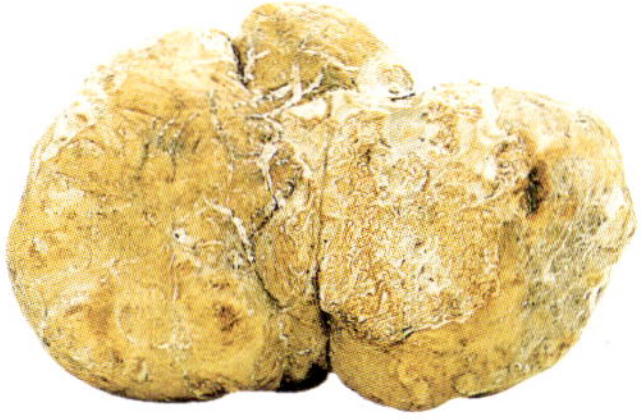

Weiße Trüffel

Pilze verwenden und nur die Hüte. Stiele trocknen und mahlen.

Grünling. Echter Ritterling, Grünreizker. Der Ritterling wächst von Oktober bis Dezember in Gruppen im Kiefernwald. Seine Farbe kann von grünbraun bis schwefelgelb variieren. Das Fleisch ist weißlich bis hellgelb mit sehr würzigem Aroma.

Frauentäubling. Einer der vielen Täublinge, die bei Pilzsammlern beliebt sind. Wächst im September und Oktober vor allem im lichten Laubwald. Weißes, festes Fleisch, sehr wohlschmeckend und roh genießbar.

Zigeuner. Reifpilz, Runzelschüppling. Wächst vom Hochsommer bis Oktober im Nadelwald. Hellbraunes Fleisch, sehr guter Speisepilz, für alle Zubereitungsarten geeignet.

Stockschwämmchen, Laubholzschüppling. Wächst ab Frühjahr an Stämmen von Laubbäumen, nicht selten in Gruppen von bis zu 100 Hütchen. Hellbraunes, sehr aromatisches Fleisch. Zum Kochen nur die Hüte verwenden, die Stiele trocknen und mahlen.

Spitzmorchel. Dieser Frühlingspilz wächst überall auf kalkhaltigen Böden, vom Wald bis zum Parkplatz. Frisch schmecken sie schon ausgezeichnet, getrocknet sind sie fast noch besser.

Trüffel. Die weiße Trüffel aus dem italienischen Piemont ist die beste aller Trüffeln und der teuerste Speisepilz überhaupt. Die berühmtesten schwarzen Trüffeln wachsen im südfranzösischen Perigord. Alle Trüffeln wachsen unterirdisch im Boden von Laubwäldern, so daß sie nur mit Hilfe von schnüffelnden Schweinen bzw. Hunden gefunden werden können. Insgesamt gibt es etwa 70 Trüffelarten, davon 32 in Europa. Sie weisen Schattierungen zwischen Dunkelbraun und Hellbeige bzw. Graphit und Hellgrau auf. Hervorragende Qualität hat nur die Wintertrüffel ab Oktober.

Feine Zuchtpilze

Leider kann man heute nicht mehr so einfach „in die Schwammerl" gehen. Die Standorte gesunder Pilze sind seltener geworden. Aber zum Ausgleich werden immer mehr Sorten gezüchtet. Die Pilzküche lebt! Wer mit Pilzen kocht, hat mehr vom Essen: mehr Geschmack, mehr Spaß und viel mehr Möglichkeiten. Außerdem rangieren Pilze ganz oben auf der Hitliste von Vegetarierern.

Rund um den Globus werden jährlich etwa zwei Millionen Tonnen Speisepilze kultiviert. Der absolute „Überpilz" ist natürlich der Champignon, gefolgt von Shiitake und Austernpilz.

CHAMPIGNON

Der bekannteste Zuchtpilz ist der Champignon. Es gibt ihn in vielen Formen und Farben: weiße, cremefarbige und braune Arten. Letztere werden Egerlinge, rosa Champignons oder sogar Steinpilzchampignons genannt. Früher galten die kleinen, weißen als die edelsten. Kenner wissen aber, daß dunkle, größer ausgewachsene Champignons viel mehr Aroma haben.

Pilze sind sehr empfindlich, daher ist die richtige Lagerung bei null bis vier Grad und hoher Luftfeuchtigkeit von der Ernte bis zum Verzehr sehr wichtig. Champignons müssen gleich nach der Ernte ins Kühlhaus, im Kühlwagen transportiert und beim Händler gekühlt gelagert werden. Achten Sie beim Kauf darauf, daß das Fleisch der Champignons fest und der Pilzhut geschlossen ist. Bei den Egerlingen soll die Unterseite des Pilzhutes hellrosa sein. Ist sie dunkelviolett, ist der Egerling sicher nicht mehr der frischeste.

SHIITAKE - PASSANIAPILZ

Bereits heute steht der Shiitake mit einer Jahresproduktion von 320 000 Tonnen an zweiter Stelle der Welt-Speisepilzproduktion. Die Hälfte davon entfällt auf seine Heimat Japan, aus der auch sein Name stammt. „Shii" heißt Passaniabaum – auf dem der Pilz ursprünglich gedeiht –, „take" heißt Pilz.

Der Geschmack ist lauchartig, leicht scharf und das Fleisch ist fester als das von Champignons. Er verliert bei der Zubereitung weniger Wasser und ist somit ergiebiger. Etwa 120 bis 150 g genügen für 1 Portion.

Die Pilze haben einen faserigen, zähen Stiel, der ungenießbar ist und deshalb entfernt werden muß.

Vielleicht wird seine Bedeutung in Zukunft in Europa nicht nur als Speise- und Gewürzpilz wachsen, sondern auch als Pilz mit medizinischer Wirkung. Dem im Shiitake enthaltenen Lentinan wird einige Heilkraft zugeschrieben.

Der rot-braune Pilz mit seinem etwa 6 bis 10 cm großen Hut wird im Freiland oder im Gewächshaus gezüchtet. Der Shiitake wächst auf noch feuchten Laubbaumhölzern, wobei die Pilzbrut in vorgebohrte Löcher geimpft wird.

AUSTERNPILZ

Auf dem deutschen Markt hat sich der Austernpilz - auch Austernseitling und wegen seines Geschmacks Kalbfleischpilz genannt - als zweiter Kulturspeisepilz durchgesetzt. Ursprünglich ein Waldpilz, gedeiht er in der Zucht auf kleingehäckseltem Stroh, das in Säcke gefüllt wurde. Die muschelförmigen, kurzstieligen Pilze wachsen büschelweise oder dachziegelförmig. Die Hutfarbe wechselt je nach Art und Anbaubedingungen von weiß bis gelb über blau bis grau und braun. Der fächerförmige, nach unten gebogene Hut hat gewöhnlich einen Durchmesser von 4 bis 10 cm. Austernpilze werden entweder als Pilze ohne Stiel oder mit Stiel in Traubenform gehandelt.

Vor der Zubereitung müssen die Pilze nur mit dem Pinsel von anhaftenden Verschmutzungen gereinigt werden. Der Stiel wird abgeschnitten, Huthaut und Lamellen werden mitgegessen. Kleine Pilze können Sie ganz verarbeiten, große halbieren oder vierteln.

IDEAL FÜR DIE SCHLANKE LINIE

In 100 g Pilzen stecken lediglich etwa 20 bis 40 Kalorien. Der Anteil an hochwertigem Eiweiß liegt bei 2 bis 3 %. Zudem enthalten sie kleine Mengen an Mineralstoffen wie Phosphor sowie einige Vitamine. Der Fett- und Kohlenhydratanteil ist sehr gering, ihr Wassergehalt liegt um 90 %. Wer Pilze zu Diätzwecken verwendet, sollte natürlich auch auf eine fettarme Zubereitung achten.

DÜRFEN PILZGERICHTE AUFGEWÄRMT WERDEN?

Die Warnung vor dem Aufwärmen stammt aus Zeiten unserer Urgroßmütter. Ohne Kühlschrank konnten Pilzgerichte nicht ausreichend kühl gelagert werden, sodaß sich Mikroorganismen vermehren konnten. Heutzutage stellt sich das Problem nicht mehr. Damit sich keine Keime vermehren können, muß das Pilzgericht allerdings sofort nach der Zubereitung abgekühlt werden. Im Winter können Sie das verpackte Gericht schnell auf Balkon oder Terrasse auf eine niedrige Temperatur bringen. Ansonsten das Gefäß in eiskaltes Wasser stellen und gelegentlich umrühren. So vorbehandelt und zugedeckt hält sich das Gericht 1 bis 2 Tage im Kühlschrank. Beim Aufwärmen sollte es über 70 °C erhitzt werden, also am besten kurz aufkochen.

Achtung beim Aufwärmen mit der Mikrowelle: Lang genug erhitzen und zwischendurch mehrmals umrühren, damit das Gericht gleichmäßig erhitzt wird.

Um Pilzgerichte einzufrieren, müssen Sie sie natürlich auch schnell abkühlen. Zum Auftauen in den Kühlschrank stellen und anschließend ausreichend erhitzen.

PILZE EINFRIEREN

Alle festfleischigen Zucht- und Waldpilze sind zum Einfrieren geeignet. Pilze am Erntetag oder einwandfreie Ware vom Markt umgehend verarbeiten, sorgfältig putzen, bei größeren Pilzen, wenn möglich die Haut abziehen. Weiche Lamellen oder schwammige Röhren entfernen, zähe Stiele abschneiden.

Roh einfrieren sollte man Shiitake, als ganze Hüte oder in dicke Scheiben geschnitten. Einwandfreie Steinpilze friert man am besten im ganzen roh ein. Besonders schöne Exemplare einzeln in Alufolie wickeln. Zur Verwendung kann man sie noch gefroren nach Belieben zerteilen. Haltbarkeit: 5-6 Monate.

Ganze Pilze können in Salzwasser mit Zitronensaft oder Ascorbinsäure 2-3 Minuten blanchiert werden. Haltbarkeit: 6-7 Monate. Sehr kleine oder zerteilte Pilze (Scheiben) in Fett mit etwas Zitronensaft gar dünsten. Haltbarkeit: 3-4 Monate.

Alle eingefrorenen Pilze nicht erst auftauen, sondern gefroren an ein heißes Gericht geben oder getrennt im heißen Fett erhitzen, evtl. fertig garen und würzen.

PILZE TROCKNEN

Zum Trocknen eignen sich außer Steinpilzen auch noch einige andere Arten mit ausgeprägtem Eigengeschmack, wie Maronen, Butterpilze, Rotkappen, Habichtspilze, Herbsttrompeten, Reizker und Morcheln. Der Habichtspilz würzt am besten getrocknet und anschließend zu Pulver zerrieben. Für Pilzpulver sollte man auch die Stiele der Pilze verarbeiten, von denen nur die Kappen gebraten werden (Parasol, Milchbrätling).

Auch Herbsttrompeten ergeben zerrieben oder gemahlen ein Pilzpulver, das fein würzt.

Der hochgeschätzte Pfifferling ist zum Trocknen ungeeignet, da er zäh wird und fast völlig den Geschmack verliert.

Pilze vor dem Trocknen nicht waschen. Am besten kleine Pilze nehmen, die man einmal durchschneidet. Größere Exemplare senkrecht in gleichmäßige Streifen schneiden.

Bei der langwierigen **Lufttrocknung** werden die Pilze einzeln nebeneinander auf Papier gelegt oder an Fäden aufgezogen, ohne daß sie sich berühren. Dann trocknen sie an einem luftigen Ort ohne direkte Sonne.

Schneller und sicherer ist die **Ofentrocknung:** Pilzstücke auf einen Rost legen und über ein mit Papier ausgelegtes Backblech setzen. Die Ofentür etwas geöffnet lassen. Temperatur: 50 °C. Die Pilze mehrmals wenden.

Zur Aufbewahrung Twist-Off-Gläser im Ofen mit anwärmen. Die Trockenpilze einfüllen und die Gläser verschließen.

1 kg frische Pilze ergeben ca. 100 g Trockenpilze.

KÜCHENTIPS

♣ Die Pilze, die so verlockend im Wald stehen, sind nur die „Früchte". Die eigentliche Pilzpflanze, das Myzel, liegt in der Erde. Deshalb soll man Pilze nicht aus dem Boden reißen, sondern am Fuß abschneiden.

♣ Pilze niemals in Plastiktüten stopfen oder in geschlossenen Taschen transportieren. Am luftigsten liegen sie in Körben, die man mit Zeitungspapier oder einem Küchentuch auslegen, bzw. abdecken kann.

♣ Mit Waldpilzen muß man besonders sorgfältig umgehen: Jeder Sammler wird sie schon vorgeputzt in den Korb legen. Zu Hause sollte man sie möglichst nicht waschen, sondern nur mit einem feuchten Tuch oder Küchenpapier abwischen. Schlechte Teile oder Fraßstellen von Schnecken werden herausgeschnitten. Schnecken am Pilz sind übrigens Beweis für einen biologisch einwandfrei gewachsenen Pilz. Nadeln und Erde auf den Lamellen an der Hutunterseite entfernt man am besten mit einem Pinsel. Sollte man Wildpilze waschen müssen, hält man sie einzeln unter einen sanften Wasserstrahl und trocknet sie sofort wieder ab.

♣ Zuchtpilze sind ziemlich sauber, bzw. schon vorgeputzt im Handel. Alle Sorten von Egerlingen kann man kurz unter fließendem Wasser spülen, dann abtropfen lassen und auf Küchenpapier trocknen. Pilze, die im Wasser gesäubert werden oder gar längere Zeit darin liegen, verlieren stark an Aroma, saugen sich voll und werden weich und schwammig.
Pilze niemals im Wasser liegen lassen!

♣ Im Gemüsefach des Kühlschranks kann man Pilze etwa 2 Tage ohne Aromaverlust lagern.

♣ Pilze, die nicht sofort gegessen werden, sollten so frisch wie möglich eingefroren, getrocknet oder eingelegt werden.

♣ Wenn Sie Champignons oder andere Egerlinge nach dem Putzen und Schneiden mit etwas Zitronensaft beträufeln, werden sie nicht braun.

♣ Mit der teuren Trüffel sollte man besonders sorgfältig umgehen: Gute Trüffeln haben eine geschlossene, rundliche Form, sind fest und trocken. Fachleute streiten sich, ob man Trüffeln besser in Sand oder in Sägespänen, bzw. Holzwolle aufhebt. Jedenfalls müssen sie kühl und trocken gelagert werden. Am besten verschließt man den Behälter und stellt ihn in das Gemüsefach des Kühlschranks. Das Einlegen in Reis, wie es häufig empfohlen wird, dient mehr dem Wohlgeschmack des späteren Risotto als der Trüffel selbst. Ein paar Tage genügen schon, um den Reis zu aromatisieren.

♣ Die Schale frischer, schwarzer Trüffeln muß gründlich gereinigt werden: Trüffeln im Wasser mit einer Bürste vorsichtig schrubben, spülen und sofort abtrocknen.

Weiße Trüffeln niemals naß reinigen! Nur abwischen oder, wenn sie sehr sandig sind, mit einer trockenen, weichen Bürste reinigen.

♣ Werden frische oder konservierte, schwarze Trüffeln geschält, die Schale niemals wegwerfen! Sie wird zum Aromatisieren in jedweder Flüssigkeit mitgekocht.

Während man weiße Trüffeln meist roh über die fertigen Gerichte hobelt, sind schwarze Trüffeln gut zum Kochen geeignet.

Beide Trüffeln schmecken besonders fein an Gerichten mit Kartoffeln, Teigwaren, Reis, Ei und allem, was nicht zu mager ist oder mit Fett (Butter, Sahne, Öl) als Aromaträger angereichert wird.

♣ Gelangt man günstig an mehr schwarze Trüffeln, als man essen kann, werden die Pilze im ganzen samt der Schale eingekocht: Kräftigen Hühnerfond mit Sherry oder weißem Portwein, Salz und Pfeffer würzen und die Trüffeln 15 bis 20 Minuten darin köcheln lassen. Dann in einem Einmachglas mit dem Sud bedecken und sterilisieren.

♣ Schwarze Trüffeln im ganzen oder in Stückchen im eigenen Sud gibt es als Konserve. Zum Aromatisieren von Saucen und vielen Gerichten genügen solche Abschnitte, die man fein hackt und samt dem Sud verwendet. Um Trüffeln dekorativ zu schneiden (Scheiben, Julienne, Brunoise) braucht man ganze Pilze, bzw. große Pilzstücke.

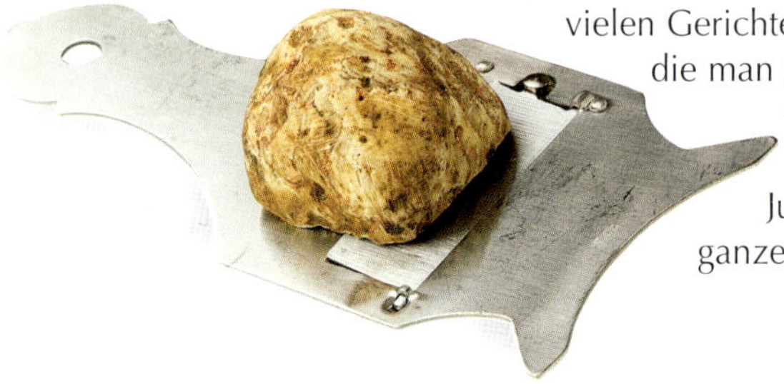

Da Duxelles so vielseitig verwendbar ist, lohnt es sich, das Pilzhaschee auf Vorrat einzufrieren. „Pilz hoch 2" sind die mit Duxelles gefüllten Champignonköpfe, Rezept Seite 121.

IMMER WIEDER DUXELLES

Die Duxelles ist ein beliebtes Pilzhaschee der klassischen französischen Küche. Sie wird als Füllung, Beilage oder Zutat in Saucen und verschiedenen Gerichten verwendet. Statt der traditionellen Champignons sollte man je nach Gericht auch mit anderen Pilzen experimentieren.

Duxelles, Grundrezept

einfach, zum Einfrieren

- 400 g Champignons
- 3 Schalotten
- 4 EL Butter
- Salz
- frisch gemahlener weißer Pfeffer
- 1 Prise Muskatnuß
- 1 TL getrockneter Thymian

Die Champignons putzen, nur wenn nötig waschen und wieder trocknen, dann sehr fein hacken. Die Schalotten abziehen und ebenfalls fein hacken. 2 Eßlöffel Butter in einer weiten Pfanne zerlassen und die Schalotten darin glasig dünsten. Die Pilze zugeben und bei mittlerer Hitze unter Rühren braten, dabei nach und nach so viel Butter zugeben, wie die Pilze aufnehmen. Mit Salz, Pfeffer, Muskatnuß und Thymian würzen und die Pilze so lange braten, bis alle Flüssigkeit verdampft ist.

Variation: Je nach Weiterverwendung der Duxelles können 1 bis 2 Knoblauchzehen, fein gehackt, mit den Schalotten gedünstet werden. Außerdem kann etwas glatte Petersilie, fein gehackt, zugegeben werden.

Nährwerte insgesamt
Kilokalorien 500, Kilojoule 2100, Eiweiß/g 10, Kohlenhydrate/g 4, Fett/g 51, Ballaststoffe/g 7,0

Salate und and

Gegrillte Pilzkappen

einfach
4 Portionen

- 12 Austernpilzkappen
- 2 Knoblauchzehen
- Salz
- 1 TL Korianderkörner
- 1/2 TL grobgeschroteter schwarzer Pfeffer
- Saft von 1 Zitrone
- 1/8 l Olivenöl
- 1/2 Bund glatte Petersilie
- 2 Bund Rucola
- 30 g Parmesan, in dünne Scheiben gehobelt

Die Pilze falls nötig vorsichtig mit einem Pinsel putzen und die Stiele bis auf 1 cm abschneiden. Die Knoblauchzehen abziehen und im Mörser mit dem Salz, den Korianderkörnern und dem Pfeffer zerdrücken. Den Zitronensaft und das Olivenöl unterrühren und die Marinade über die Pilzkappen verteilen. Die Pilzkappen etwa 20 Minuten darin ziehen lassen.

Dann die Pilze auf dem heißen Grill 8-10 Minuten garen: auf der Innenseite nur kurz, auf der Kappe etwa 4 Minuten.

Die Petersilie waschen, trockenschütteln und fein hacken. Die Rucola verlesen, waschen, trockenschütteln und grob zerteilen.

Vier Teller mit Rucola auslegen und die gegrillten Pilze mit der offenen Seite nach oben anrichten. Mit der Petersilie und dem Parmesan bestreuen und die restliche Marinade über die Rucola träufeln.

Nährwerte pro Portion
Kilokalorien 100, Kilojoule 400, Eiweiß/g 4, Kohlenhydrate/g 1, Fett/g 8, Ballaststoffe/g 1,0

Gebratene Austernpilze mit Wachtelspiegelei

einfach, Blitzrezept
2 Portionen

- 300 g Austernpilze
- 1-2 Knoblauchzehen
- 1/2 Bund glatte Petersilie
- 1 Bund Brunnenkresse
- 1 EL milder Weinessig
- 6 EL Öl
- Salz
- frisch gemahlener weißer Pfeffer
- 2 Wachteleier

Die Austernpilze putzen, eventuell kurz abbrausen und die harten Stiele abschneiden. Auf Küchenpapier trocknen lassen.

Die Knoblauchzehen abziehen und fein hacken. Die Petersilie waschen, trockenschütteln und die Blätter ebenfalls fein hacken.

Die Brunnenkresse verlesen, die groben Stiele entfernen, die Kresse waschen und trockenschütteln.

1 Eßlöffel Essig mit 2 Eßlöffeln Öl sämig schlagen. Die Brunnenkresse durch die Marinade ziehen und 2 Teller damit auslegen.

In einer weiten Pfanne 3 Eßlöffel Öl zum Braten der Pilze erhitzen. In einer kleinen, beschichteten Pfanne 1 Eßlöffel Öl für die Spiegeleier erhitzen.

Die Austernpilze bei starker Hitze rundherum anbraten, die Hitze zurückschalten, Knoblauch und Petersilie zugeben und die Pilze salzen und pfeffern.

Während die Pilze fertigbraten, 2 herzförmige Ausstecher aus Metall innen mit Öl ausstreichen und in die beschichtete Pfanne setzen. Die Wachteleier nacheinander aufbrechen und in die Herzen gleiten lassen. Bei mittlerer Hitze 2 bis 3 Minuten braten, leicht salzen.

Die gebratenen Austernpilze auf das Kressebett legen und mit dem Spiegelei krönen.

Nährwerte pro Portion
Kilokalorien 410, Kilojoule 1710, Eiweiß/g 7, Kohlenhydrate/g 3, Fett/g 39, Ballaststoffe/g 4,1

Tip

Statt Rucola können auch folgende Salatsorten allein oder zwei Sorten gemischt verwendet werden: Brunnenkresse, Löwenzahn, Frisée, Trevisano.

Gebratene Steinpilze auf Rucola

einfach, Blitzrezept
4 Portionen

- 3-4 Bund Rucola
- 3 Knoblauchzehen
- Salz
- frisch gemahlener Pfeffer
- 2 EL Balsamico-Essig
- 1 EL weißer Portwein oder Sherry
- 1 EL Walnußöl
- 10 EL Olivenöl
- 8 kleine, feste Steinpilze
- 1 Stück mittelalter Pecorino, ca. 150 g

Die Rucolablätter von den Stielen schneiden, verlesen, waschen, trockenschleudern und je nach Größe halbieren oder kleiner zupfen. Vier Teller mit der Rucola auslegen.

Zwei Knoblauchzehen ungeschält halbieren, die dritte Knoblauchzehe abziehen und pressen.

Für die Marinade 1/2 Teelöffel Salz, Pfeffer, den gepreßten Knoblauch, Essig und Wein miteinander verrühren. Das Walnußöl und 5 Eßlöffel Olivenöl unterschlagen.

Die Steinpilze putzen, mit Küchenpapier abreiben, aber möglichst nicht waschen. Die Pilze der Länge nach in etwa 1 cm dikke Scheiben schneiden.

5 Eßlöffel Olivenöl in einer weiten oder in zwei Pfannen erhitzen. Die halbierten Knoblauchzehen zugeben und die Pilzscheiben hineinlegen. Die Pilze bei mittlerer Hitze auf jeder Seite etwa 2 Minuten braten. Dann salzen und pfeffern und aus der Pfanne heben.

Inzwischen die Marinade mit der Rucola vermischen. Die gebratenen Steinpilze noch heiß auf das Salatbett legen. Den Pecorino möglichst dünn darüberhobeln. Sofort servieren.

Nährwerte pro Portion
Kilokalorien 470, Kilojoule 1980, Eiweiß/g 16, Kohlenhydrate/g 3, Fett/g 45, Ballaststoffe/g 5,0

Dieser Salat ist eine hübsche, kleine Vorspeise in einem Frühlingsmenü oder Beilage zu einer Sülze, Fisch- oder Geflügelterrine.

Champignonsalat mit Wildkräutern

einfach, braucht Zeit
4 Portionen

- 200 g gemischte Frühlingskräuter, wie z. B. Löwenzahn, Spitzwegerich, Giersch, Brennessel, Sauerampfer, Pimpernelle, Brunnenkresse
- 1 Handvoll Gänseblümchen- und Veilchenblüten
- 300 g weiße Champignons
- Saft von 1 Zitrone
- je 1 Prise Salz und Zucker
- frisch gemahlener weißer Pfeffer
- 1 Knoblauchzehe
- 1 EL milder Weißwein- oder Obstessig
- 1 EL Himbeeressig
- 4 EL Traubenkernöl
- 1 EL Haselnußöl

Die Wildkräuter am Morgen oder kurz vor der Zubereitung sammeln. In ersterem Fall zur Aufbewahrung einen Kunststoffbehälter mit etwas feuchtem Küchenpapier auslegen, die ungewaschenen Kräuter locker einfüllen, den Behälter verschließen und in den Kühlschrank stellen. Die Kräuter vor der Zubereitung verlesen, kurz waschen und auf einem Küchentuch ausgebreitet abtropfen lassen. Die Blüten möglichst nicht waschen.

Die Champignons abbrausen, putzen und in Scheiben schneiden. Die Pilze in Zitronensaft wenden, damit sie weiß bleiben.

Für die Marinade Salz, Zucker und Pfeffer in eine kleine Schüssel geben. Die Knoblauchzehe abziehen und halbiert zugeben. Die beiden Essigsorten einrühren, bis sich Salz und Zucker gelöst haben, dann die Marinade mit den beiden Ölsorten sämig aufschlagen.

Die Champignonscheiben abtropfen lassen, in der Marinade wenden und mit Kräutern und Blüten gemischt portionsweise anrichten. Die Knoblauchzehe aus der Marinade entfernen und die Marinade über die Salatportionen träufeln.

Sofort servieren.

Nährwerte pro Portion
Kilokalorien 170, Kilojoule 720, Eiweiß/g 3, Kohlenhydrate/g 5, Fett/g 15, Ballaststoffe/g 3,9

Knackige Champignons harmonieren besonders gut mit allem Nussigen, also mit den Nüssen selbst und zum Beispiel mit „Nüßchensalat“, wie der Feldsalat unter anderem auch heißt.

Feldsalat mit Champignons

einfach, Blitzrezept
4 Portionen

- 300 g Feldsalat
- 2 EL Haselnüsse
- 150 g feste, weiße Champignons
- Saft von 1/2 Zitrone
- 1 EL Öl
- 150 g Schweinebauch
- 1 Messerspitze Salz
- frisch gemahlener schwarzer Pfeffer
- 1 EL Sherry-Essig
- 1 EL Himbeeressig
- 2 EL Brühe
- 1 kleine Schalotte
- 1 EL Haselnußöl
- 4 EL neutrales Keimöl

Den Feldsalat putzen, im stehenden Wasser waschen und das Wasser mehrfach wechseln. Den Salat trockenschleudern und in eine weite Salatschüssel geben.

Die Haselnüsse in einer trockenen, heißen Pfanne rundherum rösten. Dann in einem Küchentuch rubbeln, damit möglichst viel von den Häutchen abgeht. Die Nüsse grob hacken.

Die Champignons waschen, putzen und trockentupfen. Die Pilze in dicke Scheiben schneiden und mit dem Zitronensaft beträufeln, damit sie nicht braun werden.

Die Pfanne mit Papier auswischen und 1 Eßlöffel Öl hineingeben. Den Schweinebauch in Stifte oder Würfel schneiden und im heißen Öl rundherum braten. Aus der Pfanne heben und auf Küchenpapier abtropfen lassen.

Die Pfanne vom Herd nehmen und Salz, Pfeffer, die beiden Essigsorten und Brühe mit dem Bratfett verrühren. Die Schalotte abziehen und in die Pfanne reiben oder pressen. Die Marinade in eine kleine Schüssel umgießen und mit den beiden Ölsorten aufschlagen.

Champignons, Schweinebauch und die Marinade mit dem Feldsalat vermengen und die gehackten Haselnüsse darüberstreuen.

Nährwerte pro Portion
Kilokalorien 470, Kilojoule 1980, Eiweiß/g 7, Kohlenhydrate/g 1050, Fett/g 2, Ballaststoffe/g 5,0

Pilzsalat mit rotem Lollo und Haselnüssen

einfach, Blitzrezept
4 Portionen

- 75 g durchwachsener Räucherspeck
- 50 g Haselnußkerne
- 1 kleine Knoblauchzehe
- 4 EL Balsamico-Essig
- Salz
- frisch gemahlener schwarzer Pfeffer
- 3 EL natives Olivenöl
- 1 EL Haselnuß- oder Walnußöl
- 350 g große, feste Egerlinge
- einige Blätter roter Lollo
- 75 g Rucola

Den Räucherspeck klein würfeln und in einer Pfanne bei mittlerer Hitze ausbraten. Die Haselnußkerne hacken und mit anbraten, den Knoblauch abziehen und dazupressen. Alles aus der Pfanne heben und beiseite stellen.

Die Pfanne vom Herd nehmen, etwas abkühlen lassen, dann den Essig hineingießen und die Röststoffe ablösen. In eine Schüssel umfüllen, mit Salz und Pfeffer würzen und beide Ölsorten unterschlagen.

Die Egerlinge putzen und in Scheiben schneiden. Roten Lollo und Rucola waschen, trockenschütteln und mundgerecht zerzupfen. Auf 4 Tellern anrichten und die Pilze daraufgeben.

Die Schweinebauch-Nußmischung darüber streuen und mit dem Dressing beträufeln.

Sofort servieren.

Nährwerte pro Portion
Kilokalorien 290, Kilojoule 1200, Eiweiß/g 6, Kohlenhydrate/g 2, Fett/g 28, Ballaststoffe/g 3,0

Champignonsalat mit Vinaigrette

einfach, Blitzrezept
4 Portionen

Vinaigrette
- 2 EL Essig
- 1/2 TL Salz
- frisch gemahlener weißer Pfeffer
- 4 EL Öl
- 6 EL Schlagsahne

- 400 g frische, weiße Champignons
- etwas Zitronensaft
- 1/2 Bund glatte Petersilie

Die Vinaigrette kann nach Belieben entweder gleich in der Salatschüssel angerührt oder aber in einem kleineren Gefäß extra gereicht werden, damit sich jeder die gewünschte Menge selbst nimmt.

Zuerst den Essig mit Salz und Pfeffer gründlich verrühren, bis sich das Salz gelöst hat. Das ist wichtig, weil es sich im Öl nicht mehr auflösen würde. Unter kräftigem Rühren das Öl zugießen und so lange schlagen, bis sich die Zutaten gut miteinander verbunden haben. Dann erst die Sahne unterrühren.

Die Champignons möglichst nicht waschen, nur mit einem Küchentuch abreiben, in feine Scheiben schneiden und mit Zitronensaft beträufeln, damit sie weiß bleiben.

Die Petersilie waschen, trockenschütteln, die Blättchen fein hacken und mit den Champignons mischen.

Nährwerte pro Portion
Kilokalorien 180, Kilojoule 770, Eiweiß/g 3, Kohlenhydrate/g 1, Fett/g 19, Ballaststoffe/g 1,7

Pilzsalat

einfach
4 Portionen

- 4 Eier
- 500 g Champignons
- 250 g kalter Schweinebraten in dünnen Scheiben
- 250 g kleine Tomaten
- 1 grüne Paprikaschote
- 2 EL Weinessig
- 1 TL scharfer Senf
- Salz
- Paprikapulver, edelsüß
- 1 TL Zucker
- 6 EL Keimöl
- 1 kleiner Kopfsalat

Die Eier hart kochen. Eier abschrecken, schälen und achteln.

Die Champignons putzen und abreiben, eventuell unter fließendem Wasser abspülen und abtropfen lassen. Champignons in Scheiben schneiden.

Den Schweinebraten in schmale Streifen schneiden.

Die Tomaten und die Paprikaschote waschen. Paprika halbieren und ausputzen. Tomaten achteln und Paprika in Streifen schneiden. Alle Zutaten in eine Schüssel geben.

Aus Weinessig, Senf, Salz, Paprikapulver, Zucker und Öl eine Marinade anrühren, über den Salat geben und vorsichtig mischen.

Vom Kopfsalat die äußeren, grünen Blätter entfernen. Den Salatkopf vierteln und vorsichtig unter fließendem Wasser waschen, damit die Stücke nicht zerfallen. Salat gut abtropfen lassen.

Den Pilzsalat portionsweise mit den Kopfsalatstücken anrichten.

Nährwerte pro Portion
Kilokalorien 400, Kilojoule 1670, Eiweiß/g 23, Kohlenhydrate/g 6, Fett/g 29, Ballaststoffe/g 4,4

Steinpilzsalat mit Bries

einfach, braucht Zeit
4 Portionen

- 350 g Kalbsbries
- Salz
- 1 Lorbeerblatt
- 3 Nelken
- je 5 Pfeffer- und Pimentkörner
- 1 Zwiebel
- 2 Schalotten
- 1/2 Bund Petersilie
- grobgemahlener schwarzer Pfeffer
- je 1 EL Sherry- und Himbeeressig
- je 2 EL Walnuß- und Traubenkernöl
- einige Blätter Eichblattsalat und Radicchiosalat
- 400 g frische, möglichst kleine Steinpilze

Das Bries 3 bis 4 Stunden in kaltes Wasser legen. Dann die äußeren Häutchen und Adern abziehen.

Für den Sud reichlich Wasser mit Salz, Lorbeerblatt, Nelken, Pfeffer- und Pimentkörnern zum Kochen bringen.

Die Zwiebel abziehen und halbieren. Mit dem Bries in den kochenden Sud geben. Einmal aufwallen lassen, Hitze reduzieren und 10 Minuten köcheln lassen.

Die Hitze abschalten, das Bries zugedeckt im Sud 20 Minuten ziehen lassen. Noch warm in eine Schüssel legen, eine zweite kleinere Schüssel daraufsetzen und mit Wasser oder einem anderen Gewicht von etwa 1 kg beschweren. Für mindestens 3 bis 4 Stunden kühl stellen.

Für die Vinaigrette die Schalotten abziehen und fein hacken. Die Petersilie waschen, trockenschütteln und hacken. Beides in einer Schüssel mit Salz, Pfeffer und Essig verrühren, das Öl kräftig unterschlagen.

Die Salatblätter waschen, putzen und abtropfen lassen.

Die Steinpilze waschen, putzen, einige zum Garnieren beiseite legen. Den Rest in dünne Scheiben schneiden. Das gepreßte Bries in 1 cm große Würfel schneiden.

Die Salatblätter durch die Marinade ziehen und auf 4 Tellern anrichten. Bries und Steinpilzscheiben mit der Marinade mischen und auf das Salatbett geben. Mit halbierten Steinpilzen garnieren.

Nährwerte pro Portion
Kilokalorien 290, Kilojoule 1230, Eiweiß/g 18, Kohlenhydrate/g 4, Fett/g 21, Ballaststoffe/g 2,9

Bei Bries handelt es sich um die Thymusdrüse, die Wachstumsdrüse. Sie findet sich deshalb nur bei jungen Tieren wie Kalb, Lamm oder Ferkel. Damit das Blut beim Garen nicht grau wird, muß Bries vorher gewässert werden.

 Tip

Die gegarten Nudeln aus dem Kochwasser in die Schüssel heben. Mit einer Kelle voll Nudelwasser den Bratensatz in der geleerten Pfanne loskochen und zum Salat geben.

Nudelsalat mit Pfifferlingen

einfach
4 Portionen

- 250 g möglichst kleine Pfifferlinge
- 2 Knoblauchzehen
- 100 g geräucherter Schweinebauch
- 1 Bund glatte Petersilie
- 6 EL Sonnenblumenöl
- Salz
- frisch gemahlener weißer Pfeffer
- 300 g Farfalle (Schleifchennudeln)
- 2 Bund Rucola

Die Pfifferlinge in einem Sieb abbrausen, auf Küchenpapier trocknen und putzen. Nur große Pilze zerteilen.

Die Knoblauchzehen abziehen und fein hacken. Den Schweinebauch fein würfeln.

Die Petersilie waschen, trockenschütteln und die Blätter fein hacken.

Vier Eßlöffel Öl in einer weiten Pfanne erhitzen und darin den Schweinebauch anbraten. Pfifferlinge und Knoblauch zugeben, leicht salzen und kräftig pfeffern. Zuletzt die Petersilie einrühren und das Pilzgemüse vom Herd nehmen.

Die Schleifchennudeln nach Packungsanleitung in reichlich Salzwasser bißfest garen.

Inzwischen die Rucola putzen, waschen und trockenschleudern.

In eine große Schüssel 2 Eßlöffel Öl und 2 Eßlöffel vom Nudelwasser geben. Die gegarten Nudeln abgießen und in der Schüssel wenden. Das Pilzgemüse aus der Pfanne zugeben, alles gut mischen und mit frisch gemahlenem Pfeffer abschmecken. Die Rucola unterziehen und den Nudelsalat sofort servieren.

Nudelsalat mit Pfifferlingen kann lauwarm oder kalt gegessen werden.

Nährwerte pro Portion
Kilokalorien 510, Kilojoule 2120, Eiweiß/g 15, Kohlenhydrate/g 53, Fett/g 26, Ballaststoffe/g 7,8

Champignons nach griechischer Art

einfach, Blitzrezept, zum Einfrieren
4 Portionen

- 500 g vollreife Tomaten
- 500 g Champignons
- 100 g Zwiebeln
- 2 Knoblauchzehen
- 100 ml Olivenöl
- 1 EL Tomatenmark
- Salz
- frisch gemahlener Pfeffer
- 2 Frühlingszwiebeln

Die Tomaten kurz in kochendem Wasser blanchieren, häuten, halbieren und die Kerne entfernen. Das Tomatenfleisch würfeln.

Die Champignons abbrausen, auf Küchenpapier trocknen und putzen. Die Zwiebel und die Knoblauchzehen abziehen und hacken.

Das Olivenöl in einer weiten Kasserolle erhitzen. Zwiebel und Knoblauch darin anschwitzen, Tomatenwürfel, Tomatenmark und die Champignons zugeben und mit Salz und Pfeffer würzen. Das Gemüse bei guter Mittelhitze kräftig durchkochen.

Die Frühlingszwiebeln waschen, putzen und in sehr feine Ringe schneiden.

Das eingekochte Champignongemüse vom Herd nehmen und auskühlen lassen. Mit den Frühlingszwiebeln bestreuen und als kalte Vorspeise servieren oder als Beilage auf einem Büfett.

Dazu paßt Fladenbrot oder geröstete Knoblauch-Baguettescheiben.

Nährwerte pro Portion
Kilokalorien 290, Kilojoule 1200, Eiweiß/g 4, Kohlenhydrate/g 7, Fett/g 25, Ballaststoffe/g 5,6

Zur Sülze passen gemischter Blattsalat, eine Remoulade oder Sahnesauce mit Kräutern. Mit Bratkartoffeln wird eine kleine Hauptmahlzeit daraus.

Sülze mit Essigpilzen

einfach, braucht Zeit
4 Portionen

- je 1 Prise Salz und Pfeffer
- 4 EL Sherry-Essig
- 2 EL Himbeeressig
- 400 ml Hühnerbrühe
- 6 Blatt weiße Gelatine
- 400 g Essigpilze, siehe Rezept „Eingelegter Schwammerltopf", Seite 32
- 8 Cocktailtomaten
- 4 Cornichons
- 1/2 Bund glatte Petersilie

Salz und Pfeffer mit den beiden Essigsorten verrühren und mit der kalten Hühnerbrühe mischen.

Die Gelatineblätter grob zerbrechen und in kaltem Wasser einweichen. Dann die Gelatine tropfnaß in ein kleines Töpfchen geben und über mittlerer Hitze auflösen. Die Hühnerbrühe mit der Gelatine verrühren und in den Kühlschrank stellen, bis sie anzuziehen beginnt (immer wieder kontrollieren!).

Die Essigpilze gut abtropfen lassen. Die Cocktailtomaten waschen, trocknen und halbieren oder vierteln. Die abgetropften Cornichons in Scheibchen schneiden. Die Petersilie waschen, trockenschütteln und die Blätter fein hacken.

Eine Eisbombenform oder andere Schüssel mit rundem Boden von 1 Liter Inhalt in den Gefrierschrank stellen, um das Gefäß vorzukühlen. Dann etwas Gelierflüssigkeit in die Schale gießen und schwenken, um die Wände zu überziehen. Auf dem Boden soll die Flüssigkeit mindestens 1/2 cm hoch stehen. Im Tiefkühlgerät kurz anziehen lassen. Auf diesen „Spiegel" ein paar dekorative Pilze, Tomaten- und Gurkenstücke so anordnen, daß die Sülze beim Stürzen einen hübschen Anblick bietet. Einige Eßlöffel Gelierflüssigkeit darüber verteilen und wieder im Tiefkühlgerät anziehen lassen.

Achtung: Die Sülze darf nicht gefrieren!

Nun die restlichen Zutaten mit der Petersilie abwechselnd hineinlegen und die Schale bis zum Rand mit Gelierflüssigkeit füllen. Im Kühlschrank mindestens 3 Stunden fest werden lassen – besser über Nacht.

Zum Servieren die Schale einen Augenblick in heißes Wasser tauchen und auf eine Platte stürzen.

Nährwerte pro Portion
Kilokalorien 150, Kilojoule 640, Eiweiß/g 4, Kohlenhydrate/g 1, Fett/g 15, Ballaststoffe/g 6,4

Salat mit Essigpilzen in Senfsauce

einfach, braucht Zeit
4 Portionen

- 200 g Essigpilze, siehe Rezept „Eingelegter Schwammerltopf", Seite 32
- 1 mürber Apfel, z. B. Boskop
- 1 Zwiebel
- 1/2 EL Zucker
- 1 EL mittelscharfer Senf
- 200 g Schmant
- 2-3 Messerspitzen Curry
- je 1/2 Bund glatte Petersilie und Dill

Die Pilze gut abtropfen lassen und grob hacken. Den Apfel waschen, entkernen und in kleine Würfel schneiden. Die Zwiebel abziehen und fein hacken.

Aus Zucker, Senf und Schmant eine Sauce rühren und mit Curry abschmecken.

Die Kräuter waschen, trockenschütteln und die Blätter fein hacken.

Alle Salatzutaten mit der Marinade vermischen und zugedeckt 2 bis 3 Stunden ziehen lassen. Danach noch einmal abschmecken.

Der Salat schmeckt gut zu pochierten oder harten Eiern mit Knoblauchcroûtons, zu kaltem Braten, Kasseler oder Schinken.

Nährwerte pro Portion
Kilokalorien 240, Kilojoule 990, Eiweiß/g 3, Kohlenhydrate/g 8, Fett/g 22, Ballaststoffe/g 3,7

Tip

Den Essigsud nicht wegwerfen! Nach der zweiten oder dritten Verwendung hat der Essigsud intensiven Pilzgeschmack angenommen. Den Sud um die Hälfte einkochen, filtern und in 1 bis 2 kleine Flaschen abfüllen. Dieser Pilzessig ist eine konzentrierte Essenz, mit der Salatmarinaden und Eintöpfe abgeschmeckt werden.

Eingelegter Schwammerltopf

einfach, braucht Zeit

- 1 kg kleine, feste Mischpilze

Essigsud

- 2 große Zwiebeln
- 4 Knoblauchzehen
- 2 Chilischoten
- 1 l heller Wein- oder Obstessig
- je 1 EL Salz und Zucker
- 3 Lorbeerblätter
- je 2 TL Pfeffer- und Pimentkörner
- 2 EL Senfkörner

- Neutrales Öl zum Einlegen der Pilze (Maiskeim- oder Sonnenblumenöl)

Die Pilze putzen, aber möglichst nicht waschen, die Stiele beschneiden. Mischpilze nach Sorten gruppieren.

Für den Sud die Zwiebeln und die Knoblauchzehen abziehen und grob hacken. Die Chilischoten putzen, aufschlitzen und entkernen. Den Essig mit 1/4 Liter Wasser, Zwiebeln, Knoblauch, Chili und allen anderen Zutaten in einem Topf aufkochen. Den Sud 5 Minuten kochen und bei abgeschalteter Hitze weitere 10 Minuten ziehen lassen. Dann abseihen und wieder in den Topf geben. Den Sud aufkochen und die Pilze portionsweise 2 bis 4 Minuten darin köcheln lassen. Mit den hellen Pilzen beginnen, da der Sud immer dunkler wird und sonst die Pilzfarbe trüben würde. Jede Portion gegarter Pilze aus dem Sud heben und gut abtropfen lassen, bis alle Pilze gekocht sind. Die abgekühlten Pilze, nach Form und Farbe abwechselnd, in saubere Einmachgläser schichten und so viel Öl aufgießen, daß die Pilze fingerbreit bedeckt sind.

Der Sud kann wieder verwendet werden: Dazu die Flüssigkeit abseihen und in einem Schraubglas im Kühlschrank aufbewahren. Wenn die nächsten Pilze eingekocht werden sollen, den Sud mit je 1/4 Liter Essig und Wasser strecken, 1 Teelöffel Salz zugeben und kurz durchkochen.

Der Schwammerltopf kann wie ein Rumtopf allmählich wachsen. Verwenden Sie einen Teil Ihrer Beute aus Wald und Feld und ergänzen Sie sie mit Zuchtpilzen wie Egerlingen und Shiitake. Verwenden Sie möglichst junge Pilze im ganzen. Im Herbst haben Sie dann einen bunten Pilztopf, der zu Fleischgerichten und kalten Platten schmeckt.

Außerdem ist ein solcher Schwammerltopf ein wunderhübsches Geschenk.

Nährwerte insgesamt
Kilokalorien 1470, Kilojoule 6150, Eiweiß/g 21, Kohlenhydrate/g 1, Fett/g 156, Ballaststoffe/g 20,0

Marinierte Champignons

Mindestens 3 Tage im voraus zubereiten.

einfach, braucht Zeit
6 Portionen

- 500 g frische Champignons
- 1 Bund Dill
- 1/3 l weißer Weinessig
- 1 TL getrockneter Thymian
- 2 Lorbeerblätter
- 1/2 TL schwarze Pfefferkörner
- 1 TL Salz
- 4 Knoblauchzehen
- Olivenöl

Die Pilze putzen und abreiben. Die Stiele daranlassen, nur angetrocknete Stielenden abschneiden.

Den Dill putzen und waschen. Einige Dillspitzen abschneiden und auf Küchenpapier gut trocknen. Restlichen Dill im ganzen zugeben.

Essig, 2/3 Liter Wasser, Kräuter und Gewürze (außer dem Knoblauch) zum Kochen bringen. Die Champignons hineingeben und den Sud wieder aufkochen lassen.

Nach 5 Minuten vom Herd nehmen. Die Pilze weitere 20 Minuten im verschlossenen Topf ziehen lassen.

Den Sud abgießen, die Pilze im Sieb abtropfen und auskühlen lassen. Die Dillstengel entfernen. Den Knoblauch abziehen und jede Zehe in 3 bis 4 Stifte schneiden. Ausgekühlte Pilze und Knoblauchstifte abwechselnd in ein sauberes Glas füllen. Frische Dillspitzen und die Lorbeerblätter dazwischenstreuen.

Mit Öl aufgießen, bis alle Champignons bedeckt sind. Das Glas fest verschließen.

Nach einigen Tagen haben die Champignons schon ein wunderbares Aroma - sie halten sich so bis zu 4 Monaten.

Nährwerte pro Portion
Kilokalorien 320, Kilojoule 1360, Eiweiß/g 2, Kohlenhydrate/g 1, Fett/g 33, Ballaststoffe/g 1,7

Crostini und Fettunta

einfach, braucht Zeit
6 Portionen

- 1/2 Laib toskanisches Weißbrot

Milz- und Leberpaste
- 3 Frühlingszwiebeln
- 1 Stengel Staudensellerie
- 150 g Champignons
- 3 EL Olivenöl
- 250 g Milz
- 3 Hühnerlebern
- 100 ml Weißwein
- 1/2 EL Kapern
- 80-100 ml Fleischbrühe
- Salz
- frisch gemahlener Pfeffer
- 1 EL Butter

Steinpilzfarce
- 250 g Steinpilze und 1-2 ganze Pilze
- 1 Schalotte
- 3 EL Butter
- Salz
- frisch gemahlener Pfeffer
- 1 TL getrockneter Thymian

Fettunta
- 3 Knoblauchzehen
- Salz
- 6 EL kalt gepreßtes Olivenöl
- 6 luftgetrocknete Wildschweinwürstchen

Für die Fettunta 3 Scheiben vom Brotlaib schneiden und halbieren. Aus dem restlichen Brot dünne Scheiben schneiden, entrinden und für die Crostini Dreiecke und längliche Brotstreifen schneiden.

Crostini mit Milz- und Leberpaste

Die Frühlingszwiebeln waschen, putzen und hacken. Die Selleriestange abziehen und ebenfalls hacken. Die Champignons abbrausen, trocknen, putzen und hacken. Alle drei Gemüse miteinander sehr fein hacken. Das Olivenöl in einer weiten Stielkasserolle erhitzen und das Gemüse darin andünsten.

Die Milz häuten und grob hacken, die Hühnerlebern ausschneiden und würfeln. Die Innereien zugeben und unter häufigem Wenden 2 bis 3 Minuten anbraten. Mit Weißwein ablöschen und den Bratensatz losrühren. Die Kapern sehr fein hacken und zugeben. Die Mischung unter häufigem Wenden 10 Minuten dünsten. Die Fleischbrühe eßlöffelweise zugeben, damit die Mischung nicht zu flüssig wird.

Die Kasserolle vom Herd nehmen und mit dem Pürierstab einige Male durchrühren. Salzen und pfeffern und auf schwächster Hitze ziehen lassen. Die Butter einrühren und die Paste möglichst heiß auf die dreieckigen Brotscheiben streichen.

Crostini mit Steinpilzfarce

Alle Steinpilze putzen, möglichst nicht waschen. Aus den ganzen Pilzen mindestens

6 Scheiben schneiden und die Abfälle mit den restlichen Pilzen sehr fein hacken. Die Schalotte abziehen und sehr fein hacken. 2 Eßlöffel Butter in einer Kasserolle zerlassen und die Schalotte darin glasig dünsten. Die gehackten Pilze zugeben und unter ständigem Rühren anbraten. Salzen, pfeffern und den Thymian einrühren. Die Pilzfarce auf schwacher Hitze 10 Minuten ziehen lassen und eventuell noch Butter nachgeben.

In einer Pfanne 1 Eßlöffel Butter zerlassen und die ganzen Pilzscheiben auf beiden Seiten braten. Leicht salzen und pfeffern.

Die Pilzfarce auf die rechteckigen Brotstreifen streichen und mit den gebratenen Pilzscheiben belegen.

Fettunta

Die Knoblauchzehen abziehen und halbieren. 6 halbe Brotscheiben unter dem Grill im Backofen oder im Toaster rösten. Sofort mit dem Knoblach einreiben und leicht salzen. Mit dem Olivenöl beträufeln und möglichst heiß servieren.

Crostini und Fettunta werden zum Aperitif oder zu einem Glas Wein gereicht. Außerdem dürfen in der Toskana auf einem Vorspeisenteller die luftgetrockneten Wildschweinwürstchen nicht fehlen. Die Würste in nicht zu dünne Scheiben aufschneiden.

Nährwerte pro Portion
Kilokalorien 590, Kilojoule 2500, Eiweiß/g 25, Kohlenhydrate/g 8, Fett/g 46, Ballaststoffe/g 2,0

Als Vorspeise oder einfach zum Wein Weißbrotscheiben in Knoblauchöl rösten und mit der Pilzpaste bestreichen. Die Paste eignet sich auch hervorragend, um Saucen, Suppen und Eintöpfe zu würzen. In Twist-Off-Gläser gefüllt und mit etwas Öl bedeckt, kann man die Pilzpaste einige Wochen im Kühlschrank aufbewahren.

Pilzpaste mit getrockneten Tomaten

einfach, zum Einfrieren

- 400 g Steinpilze
- 3 Schalotten
- 3 Knoblauchzehen
- 2 EL Butter
- 1 EL getrocknete Tomaten in Öl
- 1/2 Bund glatte Petersilie
- 3 Thymianzweige
- Salz
- frisch gemahlener weißer Pfeffer
- etwas Pilzfond oder Brühe
- 4-5 EL Olivenöl

Die Steinpilze putzen und kleinschneiden. Die Schalotten und Knoblauchzehen abziehen und fein hacken.

Die Butter in einer Pfanne oder in einem weiten Topf zerlassen und die Pilze mit Schalotten und Knoblauch darin andünsten.

Die Tomaten fein hacken und zugeben. Die Petersilie waschen, trockenschütteln und die Blätter fein hacken, zusammen mit den abgerebelten Thymianblättchen in die Mischung rühren. Schwach salzen und pfeffern und 3 bis 4 Eßlöffel Pilzfond zugeben. Die Paste auf kleiner Hitze zugedeckt etwa 45 Minuten schmoren lassen. Danach die Paste pürieren und dabei das Olivenöl zufließen lassen. Noch einmal mit Salz und Pfeffer abschmecken.

Nährwerte pro Portion
Kilokalorien 860, Kilojoule 3600, Eiweiß/g 15, Kohlenhydrate/g 5, Fett/g 88, Ballaststoffe/g 26,8

Pilzbutter

einfach, braucht Zeit, zum Einfrieren

- 250 g gemischte Pilze, wie z. B. Egerling, Täubling, Ritterling, Stockschwämmchen, Perlpilz, Schweinsohr oder auch frische Shiitake
- 2 Schalotten
- 1 Bund glatte Petersilie
- 1 EL Butter
- 1/2 TL Salz
- 100 g weiche Butter
- 1 EL grobgeschroteter, schwarzer Pfeffer
- 1 EL frische Thymianblättchen

Die Pilze putzen und hacken. Die Schalotten abziehen und fein würfeln. Die Petersilie waschen, trockenschütteln und die Blätter fein hacken.

Die Butter in einer Pfanne zerlassen, die Schalotten darin glasig dünsten, Pilze, Petersilie und Salz zugeben. Alles unter Rühren schmoren lassen, bis die Flüssigkeit verdampft ist.

Das Pilzgemüse pürieren und abkühlen lassen. Dann mit einer Gabel unter die weiche Butter mischen und wieder kühl stellen.

Auf einem Stück Alufolie ein Feld von etwa 20 cm Länge und 10 cm Breite mit dem geschroteten Pfeffer und den Thymianblättchen bestreuen. Die Pilzbutter zu einem Strang von 20 cm Länge formen, auf die Gewürze legen und darin wälzen. In die Alufolie wickeln und rollen, dann im Kühlschrank fest werden lassen.

Die Pilzbutter kann wie Kräuterbutter verwendet werden. Sie ist ideal zum Montieren (Aufschlagen und Binden) von kurzen Bratensaucen.

Nährwerte pro Portion
Kilokalorien 890, Kilojoule 3740, Eiweiß/g 7, Kohlenhydrate/g 3, Fett/g 96, Ballaststoffe/g 4,8

Pilzcreme

einfach, Blitzrezept
4 Portionen

- 50 g getrocknete Pilze
- 2 Knoblauchzehen
- 2 EL Öl
- 1 EL Butter
- 1 Zweig Rosmarin
- Salz
- frisch gemahlener weißer Pfeffer
- 250 g Schlagsahne

Die Pilze in einer kleinen Schale mit lauwarmem Wasser bedecken und mindestens 30 Minuten quellen lassen.

Die Knoblauchzehen abziehen und halbieren. In einem Topf Öl, Butter und Knoblauchzehen sanft erhitzen. Den Knoblauch mehrmals wenden und leicht drücken, dann aus dem Fett entfernen.

Die Pilze aus dem Wasser heben, grob zerteilen und in dem Knoblauchfett bei mittlerer Hitze dünsten. Einen kleinen Zweig frischen Rosmarin hineinlegen. Schwach mit Salz und Pfeffer würzen.

Das Pilzwasser durch ein feines Haarsieb abgießen und zu den Pilzen geben - nicht mehr als höchstens 1/8 Liter! Die Sahne zugießen und cremig einkochen lassen. Die Sauce mit Salz und Pfeffer abschmecken und den Rosmarinzweig entfernen.

Diese Pilzcreme paßt besonders gut zu Bandnudeln oder Ravioli.

Nährwerte pro Portion
Kilokalorien 310, Kilojoule 1290, Eiweiß/g 4, Kohlenhydrate/g 5, Fett/g 29, Ballaststoffe/g 4,8

Champignon-sauce

einfach, Blitzrezept
4 Portionen

- 500 g frische Champignons
- 2 Schalotten oder 1 kleine Zwiebel
- 2 EL Butter
- 1 EL Mehl
- 100 ml Weißwein
- 200 ml Brühe (Gemüse-, Kalbs- oder Geflügelbrühe)
- 200 g Schlagsahne
- frisch gemahlener weißer Pfeffer
- 1 Bund glatte Petersilie
- Saft von 1 Zitrone

Die Champignons waschen, putzen und in nicht zu dünne Scheiben schneiden. Die Schalotten abziehen und sehr fein hacken.

Die Butter in einer Stielkasserolle zerlassen und die Champignons darin bei starker Hitze wenden. Wenn die Pilze etwas geschrumpft sind, die Schalotten zugeben und mitdünsten. Schwach salzen.

1 Eßlöffel Mehl über die Pilze stäuben und den Weißwein angießen. Wenn das Mehl gebunden hat, die Brühe und die Schlagsahne zugießen. Salzen, pfeffern und die Sauce bei mittlerer Hitze sämig einkochen lassen.

Die Petersilie waschen, trockenschütteln und die Blätter fein hacken. Die Sauce mit einigen Tropfen Zitronensaft, Salz und Pfeffer abschmecken und die Petersilie einrühren.

Nährwerte pro Portion
Kilokalorien 240, Kilojoule 990, Eiweiß/g 5, Kohlenhydrate/g 5, Fett/g 22, Ballaststoffe/g 2,6

Trüffelsahne

einfach, Blitzrezept, zum Einfrieren
4 Portionen

- 1 frische schwarze Trüffel von ca. 50 g
- 150 ml Geflügelfond
- 4 cl weißer Portwein
- 40 g Butter
- Salz
- frisch gemahlener weißer Pfeffer
- 50 ml Weißwein
- 100 ml Schlagsahne

Die Trüffel gründlich waschen und dünn schälen. Den Geflügelfond mit dem Portwein erhitzen und die Trüffelschalen darin auskochen.

In einer Stielkasserolle die Butter erhitzen. Die Trüffel in Scheibchen schneiden und darin andünsten. Mit Salz und Pfeffer würzen. Die Pilze wieder herausheben und beiseite stellen. Den Bratensatz mit dem Weißwein ablöschen. Den Geflügelfond auf 50 ml einkochen und durch ein Sieb in die Kasserolle passieren.

Mit der Sahne auffüllen und sämig einkochen lassen. Zuletzt die Trüffelscheiben wieder in die Sauce legen, nochmals abschmekken und servieren.

Trüffelsahne schmeckt hervorragend zu weißem Geflügel und Kalbfleisch oder einfach zu frisch gekochten Nudeln.

Alternative: Die Sauce kann auch mit konservierten oder tiefgefrorenen Trüffelstücken zubereitet werden. Bei Konserven auch den Sud verwenden.

Die Pilzstücke vor dem Verarbeiten trocknen lassen. So geben sie mehr Aroma ab.

Nährwerte pro Portion
Kilokalorien 160, Kilojoule 660, Eiweiß/g 2, Kohlenhydrate/g 2, Fett/g 16, Ballaststoffe/g 3,0

Trüffelöl und Steinpilzöl

einfach

- Auf je 1 l natives Olivenöl
- 10 g frische Trüffel, weiß oder schwarz
- 8-10 Scheiben getrocknete Steinpilze
- 4 Zweige Thymian

Trüffelöl

Die weiße Trüffel gibt mehr Geschmack als die schwarze. Die schwarzen Trüffeln kosten allerdings etwa nur die Hälfte. Verwenden Sie Reste, die beim Hobeln übrigbleiben, oder die etwas härtere Außenhaut von schwarzen Trüffeln.

Die Trüffelstücke in die Flasche geben und das Öl zugießen. Nach 2 bis 3 Wochen hat das Öl das Trüffelaroma angenommen. Die Pilzstücke können mehrere Monate im Öl bleiben. Immer wieder frisches Öl nachfüllen.

Steinpilzöl

Die getrockneten Steinpilzscheiben in die Flasche legen. Den Thymian putzen, waschen und gründlich trockentupfen. Die Zweige leicht quetschen, damit sie mehr Aroma abgeben. Den Thymian in die Flasche stecken und mit Öl auffüllen. Der Thymian muß ganz von Öl bedeckt sein, sonst setzt er Schimmel an! Nach 2 bis 3 Wochen das Öl probieren. Wenn es intensiv genug schmeckt, abfiltern und in einer Flasche wieder fest verschließen.

Nährwerte pro 1 Liter
Kilokalorien 8790, Kilojoule 36820, Eiweiß/g 0, Kohlenhydrate/g 0, Fett/g 995, Ballaststoffe/g 0

Kleine, wa

-me Pilzgerichte

Pappardelle mit Bries und Pfifferlingen

einfach, braucht Zeit
4 Portionen

- 600 g Kalbsbries
- 1 Zwiebel
- 3 Gewürznelken
- 1 Petersilienwurzel
- 1/4 Sellerieknolle
- 1 Lauchstange
- 1/4 l Weißwein
- 1 Lorbeerblatt
- 1 TL weiße Pfefferkörner
- Salz

- 300 g Pfifferlinge
- 1 Schalotte
- 1/2 Bund glatte Petersilie
- 2 Zweige Basilikum
- 2 EL Butter
- frisch gemahlener Pfeffer

Sauce
- 300 g Schlagsahne
- 50 g Butter

- 300 g Pappardelle (breite Bandnudeln)

Das Bries zum Säubern 2 Stunden in kaltes Wasser legen und danach alle noch verfärbten Stellen wegschneiden.

Die Zwiebel abziehen und mit den Gewürznelken spicken. Die Petersilienwurzel und den Sellerie schälen. Den weißen Teil der Lauchstange putzen und waschen. Das Gemüse grob zerteilen. Die gespickte Zwiebel mit dem anderen Gemüse, Weißwein, Lorbeerblatt und Pfefferkörnern in einen Topf geben. Das gewässerte Bries einlegen und gut mit kaltem Wasser bedecken. 1 gestrichenen Eßlöffel Salz zugeben und den Sud aufkochen. 2 Minuten köcheln lassen, dann den Topf vom Feuer nehmen, zudecken und das Bries im Sud abkühlen lassen.

Das Bries aus dem Sud heben, wenn es noch leicht lauwarm ist. Alle sehnigen Teile sorgfältig entfernen und die Haut abziehen. Die einzelnen Briesröschen (kugelige, mundgerechte Stücke) aus dem Bindegewebe lösen. Den Sud abseihen und die Röschen bis zur weiteren Verwendung wieder einlegen.

Die Pfifferlinge kurz abbrausen, abtropfen lassen, putzen und die großen Pilze zerteilen. Die Schalotte abziehen und sehr fein hacken. Petersilie und Basilikum waschen, trockenschütteln und die Blätter in feine Streifen schneiden.

Die Butter in einer großen Stielkasserolle zerlassen und die Schalotte darin glasig dünsten. Die Pfifferlinge zugeben, leicht salzen und pfeffern und bei guter Mittelhitze 5 Minuten sautieren. Die Briesröschen abtropfen lassen und unter die Pfifferlinge mischen. Die Kräuter zugeben und das Gericht weitere 5 Minuten garen.

Die Schlagsahne in einem weiten Topf bei starker Hitze etwas eindicken lassen. Die Butter in kleinen Stückchen mit dem Pürierstab einarbeiten und die Sauce mit Salz und Pfeffer abschmecken. Danach nicht mehr aufkochen!

Die Pappardelle nach Packungsanleitung in Salzwasser bißfest kochen, abgießen und in dem Topf mit der Sahnesauce wenden. Das Bries mit den Pilzen zugeben und schnell unterheben. Das Gericht in 4 vorgewärmte Suppenteller verteilen und sofort servieren.

Nährwerte pro Portion
Kilokalorien 840, Kilojoule 3510, Eiweiß/g 40, Kohlenhydrate/g 54, Fett/g 47, Ballaststoffe/g 3,7

Pappardelle mit schwarzer Trüffel

einfach
4 Portionen

- 1 frische schwarze Trüffel, ca. 60 g
- 75 g Butter
- Salz
- frisch gemahlener schwarzer Pfeffer
- 100 ml trockener Weißwein
- 200 g Schlagsahne
- 300 g Pappardelle (oder andere Bandnudeln)
- 1 EL Öl

Die Trüffel in Wasser mit einer Bürste vorsichtig, aber gründlich schrubben, spülen und sofort abtrocknen. Schälen und in dünne Scheiben schneiden.

Die Butter in einer weiten Pfanne aufschäumen. Die Trüffel hineingeben, salzen und pfeffern, einige Minuten bei mäßiger Hitze anschwitzen. Die Trüffel herausheben, den Wein und die Sahne in die Pfanne gießen und sämig einkochen lassen.

Inzwischen die Bandnudeln in reichlich kochendem Salzwasser mit Öl nach Packungsbeschreibung al dente kochen.

Die Trüffelscheiben unter die Sahnesauce mischen und würzig abschmecken. Die Nudeln abtropfen lassen und gründlich mit der Trüffelsahne vermischen.

Sofort servieren.

Nährwerte pro Portion
Kilokalorien 710, Kilojoule 3000, Eiweiß/g 13, Kohlenhydrate/g 53, Fett/g 49, Ballaststoffe/g 4,0

Geflügelravioli mit Morchelrahm

Die Morcheln 2 Stunden vorher in lauwarmem Wasser einweichen.

braucht Zeit
4 Portionen

- 40 g getrocknete Spitzmorcheln

Nudelteig
- 150 g TK-Blattspinat
- 300 g Mehl
- 3 Eier
- Salz

Füllung
- 1 Schalotte
- 1 Bund glatte Petersilie
- 1 Möhre
- 1 Stengel Sellerie
- 1 Stange Lauch
- 4 große, weiße Champignons
- 100 g schiere Hühnerbrust
- 1/2 EL Butter
- 40 g Kerbel
- 1 EL Crème fraîche
- 1 Eigelb
- frisch gemahlener weißer Pfeffer

Morchelrahm
- 500 g Schlagsahne

Gemüsenudeln
- 4 weiße und 4 grüne Spargelstangen
- 2 lange Möhren
- 1 EL Butter

Die Morcheln in einer Schüssel mit lauwarmem Wasser bedecken und weichen lassen.

Für den grünen Nudelteig den Blattspinat auftauen, fein pürieren und in einem Töpfchen bei mittlerer Hitze trockendämpfen.

Das Mehl auf die Arbeitsfläche häufen und eine Mulde hineindrücken. Die Eier, das Spinatpüree und 1 Messerspitze Salz zugeben und mit dem Mehl verarbeiten. Den Teig gründlich kneten, bis er glatt und elastisch ist, dann zur Kugel formen, in Frischhaltefolie wickeln und 30 Minuten ruhen lassen.

Für die Füllung die Schalotte abziehen und sehr fein hacken. Die Petersilie waschen, trockenschütteln und die Blätter fein hacken. Möhre, Sellerie und Lauch putzen, bzw. schälen und waschen. Vom Lauch nur das Weiße verwenden. Die Champignons putzen. Die Gemüse sehr fein hacken.

Die Hühnerbrust ohne Haut fein würfeln.

Die Butter in einer Pfanne zerlassen. Schalotte, Petersilie und das Gemüse darin

andünsten. Nach 3 Minuten das Hühnerfleisch zugeben, einige Male wenden und die Pfanne vom Herd nehmen. Die Mischung auskühlen lassen.

Wenn nötig, den Kerbel vorsichtig waschen und in einem Tuch trockenschütteln, dann fein hacken. Die abgekühlte Mischung in der Pfanne mit Kerbel, Crème fraîche, Eigelb, Salz und Pfeffer verrühren und abschmecken.

Den Nudelteig halbieren und auf der bemehlten Arbeitsfläche zu 2 gleich großen Rechtecken ausrollen. Die Füllung häufchenweise und im Abstand von 6 cm auf einer Teigplatte verteilen. Die Zwischenräume mit einem feuchten Pinsel bestreichen und die zweite Teigplatte darüberlegen. Die beiden Teigschichten rund um die Füllung fest aufeinanderdrücken und dann mit dem Teigrad rechteckige Ravioli ausschneiden. Die Ravioli auf der bemehlten Arbeitsfläche antrocknen lassen.

Das Morchelwasser durch ein Haarsieb abgießen und auffangen. Die Morcheln spülen, große Pilze aufschlitzen, um möglichen Sand zu entfernen. Die Pilze mit dem Einweichwasser 15 Minuten köcheln lassen. Dann die Sahne angießen und die Morchelsauce bei schwacher Hitze cremig einkochen.

Mit Salz und Pfeffer abschmecken.

Für die Gemüsenudeln die Spargelstangen waschen und die Enden abschneiden. Die Möhren putzen und schälen. Die Stangen mit dem Sparschäler in lange Streifen aufschneiden. Die Gemüsenudeln bis zum Dünsten in kaltes Wasser legen.

In zwei weiten Töpfen reichlich Salzwasser zum Kochen bringen und jeweils die Hälfte der Ravioli in einem Topf garen. Kochzeit etwa 12 Minuten, nach 10 Minuten an einer doppelten Teigstelle die erste Garprobe machen. Die fertigen Ravioli aus dem Wasser heben und in einer vorgewärmten Schüssel mit dem Morchelrahm anrichten.

Während die Ravioli kochen, die Gemüsenudeln dünsten: Die Butter in einer weiten Pfanne zerlassen, die abgetropften Gemüsestreifen einlegen und bei mittlerer Hitze andünsten, schwach salzen und pfeffern und vorsichtig einmal wenden. Weitere 3 Minuten dünsten.

Zum Servieren die Gemüsestreifen wie Bandnudeln mit einer Gabel aufwickeln und portionsweise auf die Teller setzen.

Nährwerte pro Portion
Kilokalorien 910, Kilojoule 3810, Eiweiß/g 29, Kohlenhydrate/g 69, Fett/g 53, Ballaststoffe/g 8,9

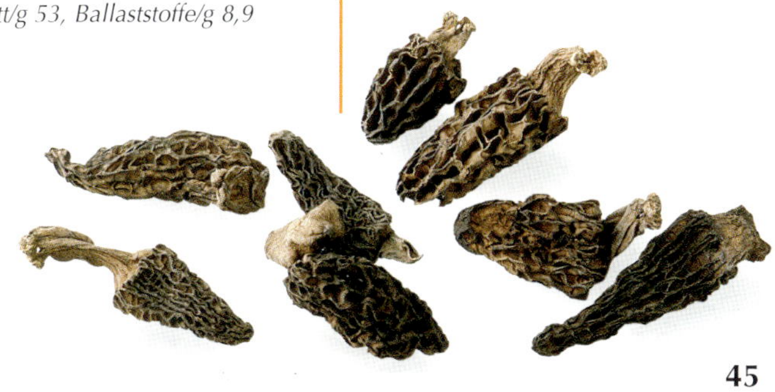

Grüne Spätzle mit Morchelsahne

einfach, braucht Zeit
4 Portionen

- 30 g getrocknete Morcheln
- 200 g TK-Blattspinat
- 400 g Mehl
- 4 Eier
- 1 TL Salz
- 2 Schalotten
- 100 g Butter
- 200 g Schlagsahne
- 150 g Crème fraîche
- frisch gemahlener weißer Pfeffer
- 1 Schuß Weißwein

Die getrockneten Morcheln mindestens 30 Minuten in 1/4 Liter lauwarmem Wasser einweichen.

Die Pilze abgießen, den Sud durch ein Tuch passieren und aufbewahren. Die Pilze grob hacken.

Den Blattspinat auftauen lassen und anschließend mit der Auftauflüssigkeit pürieren.

Aus Mehl, Eiern, 1 Teelöffel Salz und 150 ml lauwarmem Wasser einen dickflüssigen Teig rühren. Kräftig schlagen, bis der Teig Blasen bildet, dann den pürierten Spinat unterrühren.

Einen großen Topf mit Wasser füllen. Salz zugeben und das Wasser zum Kochen bringen. Den Teig portionsweise durch eine Spätzlepresse oder mit dem Spätzlehobel ins sprudelnde Wasser drücken. Dabei die Geräte vor dem Füllen in heißes Wasser tauchen und erst gefüllt auf den Topf setzen.

Nach 3 bis 5 Minuten die fertigen Spätzle mit einem Schaumlöffel in ein Sieb heben, unter kaltem Wasser kurz durchspülen und abtropfen lassen.

Die Schalotten abziehen und sehr fein hacken.

In einer Kasserolle 40 g Butter zerlassen, die Schalotten darin glasig andünsten. Die Morcheln zufügen und unter Rühren 5 Minuten mitdünsten. Dann den Morchelsud, Schlagsahne und Crème fraîche angießen. Die Sauce bei kleiner Hitze etwas einkochen und mit Salz, Pfeffer und einem Schuß Weißwein abschmecken.

Die restliche Butter in einer tiefen Pfanne zerlassen. Die Spätzle darin schwenken und erwärmen, aber nicht anbraten. Die Spätzle mit der Morchelsahne auf vorgewärmten Tellern anrichten.

Als kleines Gericht oder als Beilage zu Fleisch und Wild servieren.

Nährwerte pro Portion
Kilokalorien 1000, Kilojoule 4180, Eiweiß/g 23, Kohlenhydrate/g 80, Fett/g 60, Ballaststoffe/g 5,8

Tagliolini mit weißer Trüffel

Blitzrezept
4 Portionen

- 300 g feinste, weiße Bandnudeln, am besten aus frischem Nudelteig
- Salz
- 100 g Butter
- weiße Trüffel, soviel man sich leisten kann, mindestens aber ein Stück von 40 g

Die Nudeln in kochendem Salzwasser bißfest garen. Bei frischem Nudelteig nach 2 Minuten eine Garprobe machen.

Inzwischen die Butter auf kleinster Hitze schmelzen und in eine vorgewärmte Schüssel geben.

Die Trüffel mit einer trockenen Bürste abreiben.

Die gegarten Nudeln abgießen, kurz abtropfen lassen und in der Schüssel mit der Butter vermengen. Sofort auf vorgewärmte Teller verteilen und die Trüffel in feinsten Spänen darüberhobeln. Am besten geht das mit dem speziellen Trüffelhobel oder mit der feinsten Einstellung auf dem Gurkenhobel.

Nährwerte pro Portion
Kilokalorien 470, Kilojoule 1960, Eiweiß/g 9, Kohlenhydrate/g 54, Fett/g 22, Ballaststoffe/g 4,4

Spaghetti mit Pilzragout

einfach, Blitzrezept
4 Portionen

- 100 g geräucherter, durchwachsener Speck
- 200 g frische Steinpilze oder braune Egerlinge
- 1 Knoblauchzehe
- 500 g geschälte Tomaten (Dose), abgetropft
- 2 EL Olivenöl
- Salz
- frisch gemahlener schwarzer Pfeffer
- 30 g Butter
- 100 g TK-Erbsen
- 100 ml trockener Weißwein
- 150 g grüne Spaghetti
- 150 g weiße Spaghetti
- 80 g frisch geriebener Parmesankäse

Den Speck fein würfeln. Die Pilze putzen und in Scheiben schneiden. Die Knoblauchzehe abziehen und fein hacken. Die Tomaten grob hacken.

Das Olivenöl in einer Pfanne erhitzen und zuerst die Speckwürfel anbraten. Dann Knoblauch, Tomaten und Pilze zugeben. Die Mischung in der offenen Pfanne bei mittlerer Hitze 5 Minuten köcheln lassen. Mit Salz und Pfeffer abschmecken.

Die Butter in einem zweiten Topf zerlassen und die Erbsen zugeben. Den Weißwein angießen und die Erbsen kurz im zugedeckten Topf dünsten. Dann zu dem Pilzragout in die Pfanne geben.

Beide Nudelsorten im sprudelndem Salzwasser bißfest kochen, abgießen und in eine vorgewärmte Schüssel füllen.

Die Hälfte des geriebenen Käses und des Pilzragouts mit 2 Gabeln locker unter die Spaghetti mischen. Das restliche Ragout darauf anrichten und den übrigen Käse getrennt dazu reichen.

Nährwerte pro Portion
Kilokalorien 690, Kilojoule 2880, Eiweiß/g 22, Kohlenhydrate/g 61, Fett/g 35, Ballaststoffe/g 6,6

Tripoline mit Steinpilzen

einfach, Blitzrezept
4 Portionen

- 400 g frische Steinpilze
- 2 Schalotten
- 1 Knoblauchzehe
- 1 Bund glatte Petersilie
- 2 El Olivenöl
- Salz
- frisch gemahlener Pfeffer
- 400 g Tripoline oder andere Bandnudeln
- 1 EL Butter

Die Steinpilze putzen, unter fließendem Wasser abspülen und mit Küchenpapier trokkentupfen. Köpfe und Stiele in Scheiben schneiden.

Die Schalotten und die Knoblauchzehe abziehen und fein hacken.

Das Olivenöl in einer Pfanne erhitzen und die Pilze darin unter Rühren bei mittlerer Hitze 10 Minuten braten. Dann die Schalotten, Knoblauch und Petersilie zufügen, mit Salz und Pfeffer würzen und weitere 10 Minuten köcheln. Dabei von Zeit zu Zeit umrühren.

Die Tripoline in reichlich Salzwasser 10 Minuten kochen. Die Nudeln in ein Sieb abgießen.

Die Nudeln mit der Butter und der Pilzsauce in einer vorgewärmten Schüssel vermengen und sofort servieren.

Nährwerte pro Portion
Kilokalorien 480, Kilojoule 2026, Eiweiß/g 14, Kohlenhydrate/g 74, Fett/g 12, Ballaststoffe/g 6,4

Tagliatelle mit Pilzen und Walnüssen

einfach, Blitzrezept
4 Portionen

- 250 g Austernpilze
- 1 Schalotte
- 1 Knoblauchzehe
- 1 Bund glatte Petersilie
- 50 g Butter
- 1/4 l Brühe
- 200 g Schlagsahne
- Salz
- frisch gemahlener Pfeffer
- 300 g Tagliatelle
- 100 g grobgehackte Walnußkerne
- 1 EL Öl
- 75 g geriebener Parmesan

Die Austernpilze putzen, unter fließendem Wasser waschen und mit Küchenpapier trockentupfen. Pilze in ca. 1 cm breite Streifen schneiden. Die Schalotte und die Knoblauchzehe abziehen und fein hacken. Die Petersilie waschen, trockenschleudern und die Blätter fein hacken.

In einer tiefen Pfanne die Butter zerlassen und die Pilze unter Rühren so lange darin braten, bis alle Flüssigkeit verdampft ist. Dann Schalotte, Knoblauch und Petersilie zugeben und glasig dünsten. Mit der Brühe ablöschen, die Sahne unterrühren, mit Salz und Pfeffer würzen und die Sauce etwas einkochen lassen.

Die Nudeln in kochendem Salzwasser 10 bis 12 Minuten bißfest garen. Inzwischen die gehackten Walnußkerne in einer kleinen Pfanne im Öl anrösten. Nudeln abgießen, kurz abtropfen lassen und in einer vorgewärmten Schüssel mit der Pilzsauce und den gerösteten Nüssen vermischen.

Den geriebenen Parmesan getrennt dazu servieren.

Nährwerte pro Portion
Kilokalorien 700, Kilojoule 2950, Eiweiß/g 21, Kohlenhydrate/g 59, Fett/g 39, Ballaststoffe/g 4,9

Pilznudeln mit Käsesauce

einfach
4 Portionen

- 2 EL Butter
- 2 Knoblauchzehen
- 1/4 l Waldpilzfond (Glas)
- 200 g Schlagsahne
- 300 g grüne Bandnudeln
- Salz
- 300 g frische Steinpilze
- 2 dicke Scheiben gekochter Schinken
- 3 EL Öl
- frisch gemahlener weißer Pfeffer
- 40 g junger Pecorino, Asiago oder Fontinakäse, gerieben

1 Eßlöffel Butter in einem Topf zerlassen. Den Knoblauch abziehen, hineinpressen und andünsten. Den Pilzfond und die Schlagsahne zugießen und die Sauce im offenen Topf etwa 15 Minuten cremig einkochen lassen.

Die Bandnudeln in sprudelnd kochendem Salzwasser bißfest garen.

Die Steinpilze putzen und in Scheiben schneiden. Den Schinken in schmale Streifen schneiden. Die restliche Butter mit dem Öl in einer Pfanne erhitzen. Die Pilze und den Schinken darin kurz braten, leicht salzen und pfeffern.

Die Nudeln abgießen und in einer vorgewärmten Schüssel mit den Steinpilzen und dem Schinken mischen.

Den geriebenen Käse in die Sahnesauce rühren und schmelzen lassen, ohne die Sauce zu kochen. Die Sauce mit Salz und Pfeffer abschmecken und über die Pilznudeln verteilen.

Nährwerte pro Portion
Kilokalorien 640, Kilojoule 2670, Eiweiß/g 22, Kohlenhydrate/g 55, Fett/g 37, Ballaststoffe/g 8,8

Maccheroni alla cacciatora

einfach, braucht Zeit
4 Portionen

- 50 g getrocknete Steinpilze
- 1 kleine Zwiebel
- 1 Knoblauchzehe
- 1 Selleriestange
- 4 EL Olivenöl
- 50 g geräucherter Schweinebauch
- Salz
- frisch gemahlener schwarzer Pfeffer
- 1 dicke Scheibe roher Schinken, 50 g
- 4 EL Rotwein
- 1 Lorbeerblatt
- 150 g Schlagsahne

- 300 g dünne Makkaroni

Die Steinpilze in einer Tasse mit lauwarmen Wasser bedecken und 30 Minuten quellen lassen.

Die Zwiebel, die Knoblauchzehe und die Selleriestange abziehen und sehr fein hakken. Das Olivenöl in einem Topf erhitzen und das Gemüse darin bei mittlerer Hitze andünsten.

Inzwischen den Schweinebauch fein würfeln und dann zum Gemüse geben. Die Mischung schwach salzen und mit frisch gemahlenem Pfeffer würzen.

Den rohen Schinken fein würfeln und zugeben. Den Rotwein angießen und verdunsten lassen.

Die Steinpilze aus dem Wasser heben, grob hacken und in den Topf geben. Das Pilzwasser durch ein feines Sieb zugießen. Das Lorbeerblatt einlegen und die Mischung 10 Minuten bei schwacher Hitze köcheln lassen. Die Schlagsahne einrühren und die Sauce weitere 10 Minuten sanft einkochen lassen.

Inzwischen die Nudeln bißfest kochen und, ehe sie angerichtet werden, das Lorbeerblatt aus der Sauce entfernen.

Nährwerte pro Portion
Kilokalorien 616, Kilojoule 2580, Eiweiß/g 17, Kohlenhydrate/g 58, Fett/g 32, Ballaststoffe/g 6,2

Kartoffelpuffer mit Rahmpilzen

einfach
4 Portionen

- 500 g Pfifferlinge
- 1 kg festkochende Kartoffeln
- 2 Eier
- Salz
- 1 EL Mehl
- 5 EL Öl zum Backen
- 2 EL Butter
- 200 g Schlagsahne
- 1 TL mittelscharfer Senf
- 2 EL Crème fraîche
- 1 kleine Zitrone
- weißer Pfeffer
- 1 Bund glatte Petersilie

Die Pfifferlinge putzen, kurz unter fließendem Wasser waschen und mit Küchenpapier trockentupfen. Die größeren Pilze in Streifen schneiden.

Die Kartoffeln schälen, waschen und grob reiben oder mit der Küchenmaschine nicht zu fein zerkleinern. In ein Küchentuch wickeln und den Saft gründlich auspressen. Sofort in eine Schüssel geben und mit Eiern und Salz verrühren.

Den Backofen auf 80 °C vorheizen.

In einer schweren Pfanne so viel Fett erhitzen, daß der Boden bedeckt ist. Löffelweise den Kartoffelteig hineingeben, zu kleinen Puffern flach drücken und von beiden Seiten goldbraun braten. Erst wenden, wenn die Unterseite knusprig ist, eventuell noch etwas Fett in die Pfanne geben. Das Backblech mit Küchenpapier belegen, die fertigen Puffer darauf geben und im Ofen warm stellen.

In einer Kasserolle die Butter schmelzen, die Pilze darin anbraten. Mit Sahne ablöschen und 5 Minuten köcheln lassen.

Senf, Crème fraîche und den Saft von 1 Zitrone einrühren, mit Salz und Pfeffer würzen.

Die Petersilie waschen, trockentupfen und fein hacken. Kurz vor dem Servieren unter das Pilzgemüse ziehen.

Nährwerte pro Portion
Kilokalorien 690, Kilojoule 2880, Eiweiß/g 13, Kohlenhydrate/g 51, Fett/g 45, Ballaststoffe/g 8,5

Bratkartoffeln mit Steinpilzen

einfach, Blitzrezept
2 Portionen

- 600 g vorwiegend festkochende Kartoffeln
- 2 EL Öl
- Salz
- 250 g frische Steinpilze
- 1 große Zwiebel
- 2 Knoblauchzehen
- 1 EL Butter
- frisch gemahlener weißer Pfeffer
- 1 Bund glatte Petersilie

Die Kartoffeln schälen, waschen und in Scheiben schneiden. Sehr große Kartoffeln längs halbieren.

Das Öl in einer schweren, weiten Pfanne erhitzen, die Kartoffeln darin rundherum anbraten und leicht salzen.

Während die Kartoffeln auf mittlerer Hitze braten, die Steinpilze putzen, möglichst nicht waschen und in dicke Scheiben oder Stücke schneiden. Die Zwiebel und die Knoblauchzehen abziehen und hacken.

Die Kartoffeln an den Pfannenrand schieben, die Butter in der Mitte schmelzen und Zwiebel und Knoblauch andünsten. Die Steinpilze zugeben, rundherum anbraten und dann mit den Kartoffeln vermischen. Leicht salzen und pfeffern.

Die Petersilie waschen, trockenschütteln, die Blättchen fein hacken und mit den Kartoffeln vermischen.

Zu Bratkartoffeln mit Steinpilzen schmeckt Feldsalat. Um das Gericht etwas gehaltvoller zu machen, zuletzt etwas Rührei unterziehen und kurz in der Pfanne stocken lassen.

Nährwerte pro Portion
Kilokalorien 460, Kilojoule 1940, Eiweiß/g 9, Kohlenhydrate/g 57, Fett/g 19, Ballaststoffe/g 11,3

Tip

Statt Steinpilzen kann man auch große, braune Egerlinge verwenden.

Risotto piemontese

einfach
4 Portionen

- 30 g Knochenmark
- 60 g Butter
- 200 g italienischer Rundkornreis
- 70 ml trockener Weißwein
- 3/4 l Geflügelbrühe
- Salz
- frisch gemahlener weißer Pfeffer
- 1 frische weiße Trüffel, 30-40 g

Das Knochenmark kurz in das Tiefkühlgerät legen, damit es hart wird. Dann fein hacken.

20 g Butter in einem Topf zerlassen und das Knochenmark darin andünsten. Den Rundkornreis einrieseln lassen und unter ständigem Rühren glasig dünsten. Den Wein angießen, umrühren und den Wein bei mittlerer Hitze verdampfen lassen.

Inzwischen die Geflügelbrühe aufkochen, mit Salz und Pfeffer abschmecken und 2 bis 3 Schöpflöffel voll an den Reis gießen, umrühren und zugedeckt quellen lassen.

Wenn die Flüssigkeit ganz aufgesogen ist, nach und nach wieder von der Brühe zugeben und kräftig rühren. Nach etwa 18 Minuten ist der Risotto fertig. Die Hitze abschalten und die restliche Butter einrühren. Der Risotto muß cremig sein!

Den Risotto auf vorgewärmte Teller verteilen und die Trüffel bei Tisch über jede Portion hobeln. Das geht am besten mit dem speziellen Trüffelhobel oder mit der feinsten Einstellung auf dem Gurken- oder Käsehobel.

Nährwerte pro Portion
Kilokalorien 390, Kilojoule 1620, Eiweiß/g 5, Kohlenhydrate/g 41, Fett/g 23, Ballaststoffe/g 3,1

Risi-Bisi mit Zigeunern

einfach
4 Portionen

- 1 Zwiebel
- 3 EL Öl
- 200 g italienischer Rundkornreis
- 3/4 l heiße Geflügelbrühe
- Salz
- 200 g Zigeunerpilze
- 2 EL Butter
- 200 g TK-Erbsen
- frisch gemahlener weißer Pfeffer
- 1 Scheibe gekochter Schinken, 100 g

Die Zwiebel fein hacken. Das Öl in einem Topf erhitzen und die Zwiebel darin glasig dünsten. Den Reis einrühren und 3 Minuten ebenfalls glasig dünsten. Die heiße Geflügelbrühe mit Salz abschmecken und zugießen. Den Reis bei schwacher Hitze in etwa 18 Minuten bißfest garen.

Die Pilze kurz waschen, trocknen und putzen. Je nach Größe halbieren oder vierteln. Die Butter in einer Pfanne zerlassen und die Pilze darin anbraten. Die TK-Erbsen zugeben und mit Salz und Pfeffer würzen.

Den Schinken in kleine Würfel schneiden und in die Pfanne einrühren.

Den gegarten Reis mit der Erbsen-Pilzmischung locker vermengen.

Nach Belieben frische Butter und geriebenen Parmesankäse getrennt dazu reichen.

Alternative: Außer Zigeunern eignen sich Lachsreizker, Stäublinge, Stockschwämmchen oder Hallimasch. Natürlich können es auch Pfifferlinge, am besten Trompetenpfifferlinge, sein.

Nährwerte pro Portion
Kilokalorien 420, Kilojoule 1740, Eiweiß/g 14, Kohlenhydrate/g 46, Fett/g 19, Ballaststoffe/g 8,0

Pfifferlingreis mit Petersilie

einfach, Blitzrezept
4 Portionen

- 400 g Pfifferlinge
- 2 kleine Zwiebeln
- 1 EL Butter
- 1 EL Öl
- 250 g Langkornreis
- 1/2 l Brühe
- Salz
- 2 Bund glatte Petersilie
- frisch gemahlener Pfeffer
- 100 g Crème fraîche

Die Pfifferlinge putzen, unter fließendem, kalten Wasser abbrausen und abtropfen lassen. Größere Pilze in mundgerechte Stücke schneiden.

Die Zwiebeln abziehen und fein hacken.

In einem Topf die Butter und das Öl erhitzen. Die Zwiebeln darin glasig dünsten. Dann die Pfifferlinge und den Reis zufügen und unter Rühren kurz andünsten. Mit der Brühe ablöschen und etwas salzen.

Zugedeckt bei kleiner Hitze etwa 20 Minuten garen. Dabei gelegentlich umrühren. Falls der Reis zu trocken wird, ein wenig Wasser zugießen.

Die Petersilie waschen, trockenschütteln, hacken und unter den Pilzreis heben. Mit Salz und Pfeffer abschmecken.

Den Pfifferlingsreis auf 4 vorgewärmten Tellern anrichten und in die Mitte jeweils etwas Crème fraîche geben.

Nährwerte pro Portion
Kilokalorien 390, Kilojoule 1640, Eiweiß/g 7, Kohlenhydrate/g 53, Fett/g 15, Ballaststoffe/g 2,9

Reispfanne mit Pfifferlingen

einfach
4 Portionen

- 200 g Langkorn- und Wildreismischung
- Salz
- 400 g kleine Pfifferlinge
- 200 g geräucherter Schweinebauch
- 1 Zwiebel
- 2 Knoblauchzehen
- 1 Bund glatte Petersilie
- 4 EL Öl
- frisch gemahlener weißer Pfeffer
- frisch geriebene Muskatnuß

Die Reismischung nach Packungsanleitung in Salzwasser garen, abgießen und gut abtropfen lassen.

Die Pfifferlinge putzen, evtl. kurz abbrausen und auf Küchenpapier trockentupfen. Nur große Pilze zerteilen. Den Schweinebauch fein würfeln. Die Zwiebel und den Knoblauch abziehen und fein hacken. Die Petersilie waschen, trockenschütteln und die Blätter fein hacken.

Das Öl in einer weiten Pfanne erhitzen, Schweinebauch, Zwiebel, Knoblauch und Pfifferlinge darin anbraten, leicht salzen und pfeffern und den Reis untermischen. Etwa 5 Minuten bei guter Mittelhitze rühren und braten. Die Petersilie zugeben und mit Salz, Pfeffer und Muskatnuß abschmecken.

Den Pilzreis möglichst heiß aus der Pfanne servieren. Dazu passen bunte Blattsalate.

Variation: Nur 200 g Pfifferlinge verwenden und die Reispfanne mit Rührei aus 4 Eiern binden.

Nährwerte pro Portion
Kilokalorien 290, Kilojoule 1230, Eiweiß/g 5, Kohlenhydrate/g 40, Fett/g 13, Ballaststoffe/g 6,1

Pfifferlingknödel passen gut zu Wildgerichten und Ragouts.

Pfifferlingknödel

einfach
4 Portionen

- Knödelbrot von 7 altbackenen Semmeln (etwa 300 g)
- ca. 150 ml warme Milch
- 2 Eier
- Salz
- frisch gemahlener schwarzer Pfeffer
- frisch geriebene Muskatnuß
- 200 g kleine Pfifferlinge
- 1 Zwiebel
- 50 g Frühstücksspeck am Stück
- 1/2 Bund glatte Petersilie
- 2 EL Butter
- 1/2 TL getrockneter Majoran
- 1 Prise Salz
- frisch gemahlener Pfeffer

Wenn es kein fertiges Knödelbrot gibt, 7 Semmeln vom Vortag in dünne Scheiben schneiden, mit der warmen Milch übergießen und einen Deckel oder Teller fest aufdrücken. 15 Minuten weichen lassen.

Eier, Salz, Pfeffer und Muskatnuß zugeben und einmal durchmischen.

Die Pfifferlinge verlesen, kurz abbrausen, auf Küchenpapier trocknen und putzen. Nur größere Pilze zerteilen.

Die Zwiebel abziehen und fein hacken. Den Frühstücksspeck fein hacken. Die Petersilie waschen, trockenschütteln und die Blätter fein hacken.

Die Butter in einer weiten Kasserolle schmelzen und den Speck darin auslassen. Die Zwiebel zufügen und glasig dünsten. Die Pilze zugeben und unter mehrfachem Wenden gut 5 Minuten braten, bis die Flüssigkeit verdampft ist. Die Petersilie und den Majoran einstreuen, kurz mitdünsten und mit wenig Salz und Pfeffer würzen. Die Pilzmasse abkühlen lassen, unter den Brotteig mischen und gut durchkneten.

Inzwischen in einem weiten, großen Topf reichlich Salzwasser zum Kochen bringen. Mit nassen Händen aus dem Brotteig gleich große Knödel formen und ins kochende Wasser gleiten lassen. Die Knödel im offenen Topf 20 Minuten gar ziehen lassen. Das Wasser unter dem Siedepunkt halten, es darf nicht sprudelnd kochen!

Die fertigen Knödel mit dem Schaumlöffel aus dem Topf heben und gut abtropfen lassen.

Nährwerte pro Portion
Kilokalorien 410, Kilojoule 1700, Eiweiß/g 12, Kohlenhydrate/g 41, Fett/g 22, Ballaststoffe/g 5,0

Pilzkroketten

einfach, braucht Zeit, zum Einfrieren
4 Portionen

Duxelles
- 400 g Pilze
- 3 Schalotten
- 1-2 Knoblauchzehen
- 4 EL Butter
- Salz
- frisch gemahlener weißer Pfeffer
- 1 Prise Muskatnuß
- 1 TL getrockneter Thymian

Béchamelsauce
- 1 EL Butter
- 1 EL Mehl
- 150 ml Milch
- Salz
- 1 Prise Muskatnuß
- 2-3 EL Semmelbrösel

Fritierteig
- 160 g Mehl
- je 1 Prise Salz und Zucker
- 1/4 l helles Bier
- 2 Eier

- Pflanzenfett zum Fritieren

Die Pilze putzen, nur wenn nötig waschen und wieder trocknen, dann sehr fein hacken. Schalotten und Knoblauch abziehen und ebenfalls fein hacken. 2 Eßlöffel Butter in einer weiten Pfanne zerlassen und Schalotten und Knoblauch darin glasig dünsten. Die Pilze zugeben und unter Rühren braten. Dabei nach und nach so viel Butter zugeben, wie die Pilze aufnehmen. Mit Salz, Pfeffer, Muskatnuß und Thymian würzen und die Pilze so lange braten, bis alle Flüssigkeit verdampft ist. Die Duxelles abkühlen lassen.

Inzwischen für die Béchamelsauce die Butter in einem Töpfchen zerlassen, das Mehl darin hell anschwitzen und unter Rühren die Milch zugießen. Die Sauce mit Salz und Muskatnuß würzen und bei schwacher Hitze 30 Minuten ausquellen lassen - sie soll dick einkochen!

Die kalte Pilzmasse mit der abgekühlten Béchamel gründlich vermischen und ganz kalt werden lassen. So viel Semmelbrösel einarbeiten, daß sich die Masse zu einer Rolle formen läßt. Etwa 4 cm lange Kroketten von der Rolle abschneiden.

Für den Fritierteig das Mehl mit Salz, Zucker, Bier und Eigelb verrühren. Das Eiweiß zu steifem Schnee schlagen und unterziehen. Das Pflanzenfett in der Friteuse auf 180 °C erhitzen.

Die Kroketten mit einer langen Bratengabel aufspießen, einzeln durch den Fritierteig ziehen und im Fett rundherum goldbraun fritieren.

Die fertigen Kroketten mit einem Schaumlöffel aus dem Fett heben und auf Küchenpapier abtropfen lassen.

Möglichst heiß servieren.

Nährwerte pro Portion
Kilokalorien 730, Kilojoule 3080, Eiweiß/g 13, Kohlenhydrate/g 42, Fett/g 58, Ballaststoffe/g 3,9

Tip

Für dieses Gericht kann man auch getrocknete Morcheln verwenden. In warmem Wasser einweichen, gründlich spülen und zum Abtropfen die Hüte ein paarmal einstechen, damit sie möglichst gut ablaufen.

Morcheln in Bierteig

einfach
4 Portionen

- 250 g frische Morcheln
- Salz
- 1 Ei
- 100 g Mehl
- 1/8 l helles Bier
- 16-18 abgezogene Mandeln
- Pflanzenfett zum Fritieren

Die Morcheln gut waschen, abtropfen lassen und schwach salzen.

Aus Ei, Mehl, Bier und etwas Salz einen Teig rühren und zugedeckt quellen lassen.

In jede größere Morchel einen Mandelkern stecken.

Das Fett in der Friteuse auf 175 °C erhitzen. Die Morcheln einzeln durch den Bierteig ziehen und schwimmend im Fett ausbacken.

Die Morcheln auf Küchenpapier abtropfen lassen und auf Salatblättern servieren.

Asiatische Dipsaucen dazu reichen, wie süß-saure Chilisauce, ein eingekochtes Chutney oder Relish.

Nährwerte pro Portion
Kilokalorien 360, Kilojoule 1490, Eiweiß/g 8, Kohlenhydrate/g 20, Fett/g 27, Ballaststoffe/g 7,3

Parasol, paniert

einfach, Blitzrezept
4 Portionen

- 4 Parasolpilze
- 4 EL Mehl
- 1 TL Salz
- 2 Eier
- 8 EL Semmelbrösel
- 4 EL Butterschmalz

Junge Parasolpilze verwenden, deren Hüte sich gerade erst geöffnet haben. Die Hüte mit einem Pinsel säubern (nicht waschen!).

Das Mehl mit dem Salz vermischen und die Hüte darin wenden. In einem zweiten Gefäß die beiden Eier verquirlen und in einem dritten ein Bett aus Semmelbröseln vorbereiten. Die Pilze nacheinander ins Ei tauchen und in den Semmelbröseln wenden.

Das Butterschmalz zerlassen und die panierten Pilze bei mittlerer Hitze von beiden Seiten goldbraun braten. Heiß aus der Pfanne servieren.

Nährwerte pro Portion
Kilokalorien 290, Kilojoule 1220, Eiweiß/g 8, Kohlenhydrate/g 22, Fett/g 19, Ballaststoffe/g 7,5

Blutreizkern, paniert

einfach, Blitzrezept
4 Portionen

- 16-20 Hüte von Blutreizkern
- 1 gestrichener TL Salz
- Saft von 1 Zitrone
- 100 g Mehl
- 2 Eier
- 6 EL Semmelbrösel
- 4 EL Butterschmalz

Die Pilze, nur wenn nötig, waschen und dann gut trocknen. Die Hüte von den Stielen flach abschneiden, salzen und mit Zitronensaft beträufeln.

Mehl, verquirlte Eier und Semmelbrösel in drei getrennten Schalen vorbereiten. Die Reizker zuerst gut in Mehl wälzen, dann durch das Ei ziehen und zuletzt in den Semmelbröseln wenden.

Das Butterschmalz in der Pfanne aufschäumen lassen und die Reizker bei mittlerer Hitze von beiden Seiten goldbraun braten.

Nährwerte pro Portion
Kilokalorien 320, Kilojoule 1340, Eiweiß/g 9, Kohlenhydrate/g 29, Fett/g 19, Ballaststoffe/g 5,2

Gebratene Maronen mit Möhren schmecken als kleine Pilzpfanne mit Weißbrot. Wenn Sie abgebräunte Knödelscheiben und einen Salat dazu reichen, haben Sie ein leckeres Hauptgericht.

Gebratene Maronen mit Möhren

einfach, Blitzrezept
4 Portionen

- 250 g junge Möhren
- 1 Schalotte
- 1 Bund glatte Petersilie
- 1 Handvoll Kerbel
- 1 EL Butter
- Salz
- 1 Prise Zucker
- frisch gemahlener weißer Pfeffer
- 1/8 l Brühe
- 500 g Maronenröhrlinge
- 1 große Zwiebel
- 2 EL Butter

Die Möhren schälen und in dicke Scheiben schneiden. Die Schalotte abziehen und fein hacken. Die Kräuter waschen, trockenschütteln und die Blätter fein hacken.

Die Butter in einem Topf zerlassen. Schalotten und Möhren andünsten, mit Salz, Zucker und Pfeffer würzen und die Brühe angießen. Das Möhrengemüse im geschlossenen Topf bei schwacher Hitze dünsten.

Inzwischen die Maronen putzen und in nicht zu dünne Scheiben schneiden. Die Zwiebel abziehen und fein hacken. Die Butter in einer großen Pfanne zerlassen und die Zwiebel darin andünsten. Die Pilze zugeben, salzen, pfeffern und bei guter Mittelhitze braten, bis die Flüssigkeit etwas verdampft ist.

Die Kräuter zu den Möhren geben und das gegarte Gemüse in der Pfanne mit den Pilzen vermischen. Abschmecken und möglichst heiß servieren.

Nährwerte pro Portion
Kilokalorien 130, Kilojoule 540, Eiweiß/g 3, Kohlenhydrate/g 4, Fett/g 11, Ballaststoffe/g 11,2

Pfifferlinge aus der Pfanne

einfach, Blitzrezept
4 Portionen

- 500 g möglichst große Pfifferlinge
- 2 kleine Zwiebeln
- 100 g Frühstücksspeck am Stück
- 1 Bund glatte Petersilie
- 2 EL Butter
- Salz
- frisch gemahlener schwarzer Pfeffer

Die Pfifferlinge putzen, wenn nötig unter fließendem Wasser gründlich abbrausen, gut abtropfen lassen und mit Küchenpapier trockentupfen. Große Pilze halbieren.

Die Zwiebeln abziehen und sehr fein hacken. Den Frühstücksspeck fein würfeln.

Die Petersilie waschen, trockenschütteln, die Blättchen abzupfen und hacken.

Die Butter in einer großen Pfanne zerlassen, die Zwiebeln darin glasig dünsten. Die Speckwürfelchen dazugeben, kurz anbraten und die Pilze zufügen. Alles braten und dabei gut wenden, damit die Flüssigkeit von den Pfifferlingen schnell verdampft.

Die Petersilie unterrühren und kurz mitdünsten. Das Pilzgemüse mit Salz und Pfeffer würzen.

Vor dem Servieren 150 g Crème fraîche unter das Gemüse rühren.

Nährwerte pro Portion
Kilokalorien 250, Kilojoule 1040, Eiweiß/g 4, Kohlenhydrate/g 3, Fett/g 23, Ballaststoffe/g 2,3

Tip

6 Eier mit etwas Salz, Pfeffer und 1 Teelöffel Thymianblättchen verquirlen und über die fertigen Pfifferlinge gießen. Mit einem Holzspatel zur Mitte hin zusammenschieben und stocken lassen.

Rührei mit Pfifferlingen

einfach, Blitzrezept
4 Portionen

- 400 g Pfifferlinge
- 2 Schalotten
- 1 großes Bund glatte Petersilie
- 100 g Butter
- Salz
- frisch gemahlener Pfeffer
- 6 Eier
- 100 g Schlagsahne

Die Pfifferlinge kurz abbrausen, auf Küchenpapier trocknen und putzen. Die Schalotten abziehen und sehr fein hacken. Die Petersilie waschen, trockenschütteln und die Blätter fein hacken. Die Hälfte der Butter zerlassen, die Schalotten darin anschwitzen und die Pfifferlinge zugeben. Die Pilze bei guter Mittelhitze schwenken, salzen, pfeffern und die Petersilie zugeben.

Die Eier mit der Sahne verrühren, salzen und pfeffern. Die restliche Butter in einer großen Pfanne zerlassen und die Eimasse in die aufschäumende Butter gießen. Die Hitze zurückschalten und die Eimasse vorsichtig umrühren. Die Pfifferlinge zugeben und das gestockte Ei in großen Schollen an den Rand schieben, damit die noch flüssige Masse auf den heißen Pfannenboden laufen kann. Das Rührei vom Herd nehmen, solange es noch cremig ist, und vorsichtig in der Pfanne wenden.

Das Rührei mit Pfifferlingen auf 4 vorgewärmte Teller verteilen und sofort servieren.

Nährwerte pro Portion
Kilokalorien 400, Kilojoule 1670, Eiweiß/g 13, Kohlenhydrate/g 2, Fett/g 38, Ballaststoffe/g 5,4

Milchbrätlinge aus der Pfanne

einfach, Blitzrezept
4 Portionen

- 12 Milchbrätlinge
- 2 EL Butterschmalz
- Salz

Die Pilze nicht waschen! Die Hüte nur mit einem Pinsel säubern und flach von den Stielen schneiden.

Das Fett in der Pfanne stark erhitzen und die Hüte darin von beiden Seiten goldbraun braten. Leicht salzen und sofort servieren.

Dazu schmeckt Schnittlauchbrot.

Nährwerte pro Portion
Kilokalorien 80, Kilojoule 333, Eiweiß/g 23, Kohlenhydrate/g 0, Fett/g 8, Ballaststoffe/g 6,8

Rührei mit Shiitake und Frühlingszwiebeln

einfach, Blitzrezept
4 Portionen

- 250 g Shiitake-Pilze
- 2 Bund Frühlingszwiebeln
- 1 Bund glatte Petersilie
- 2 EL Butter
- Salz
- frisch gemahlener Pfeffer
- 6 Eier
- 4 EL Milch

Die Pilze mit Pinsel und Küchenpapier säubern, möglichst nicht waschen. Die Stiele abschneiden und die Hüte in dicke Scheiben schneiden.

Die Frühlingszwiebeln putzen, waschen und in etwa daumendicke Stücke schneiden.

Die Petersilie waschen, trockenschütteln und die Blätter fein hacken.

1 Eßlöffel Butter in einer großen Pfanne zerlassen und die Pilze bei mittlerer Hitze rundherum anbraten. Die Zwiebeln zugeben, salzen und pfeffern.

In einer Schüssel die Eier mit Milch und Salz schlagen. Die Petersilie einrühren.

Die restliche Butter in die Pfanne geben und, wenn das Pilzgemüse gedünstet ist, die Eier darübergießen. Bei starker Hitze das Gericht verrühren, die Hitze zurückschalten, die Eier stocken lassen und das Rührei mit zwei Löffeln in große Stücke reißen.

Möglichst heiß servieren.

Nährwerte pro Portion
Kilokalorien 260, Kilojoule 1080, Eiweiß/g 13, Kohlenhydrate/g 13, Fett/g 16, Ballaststoffe/g 1,9

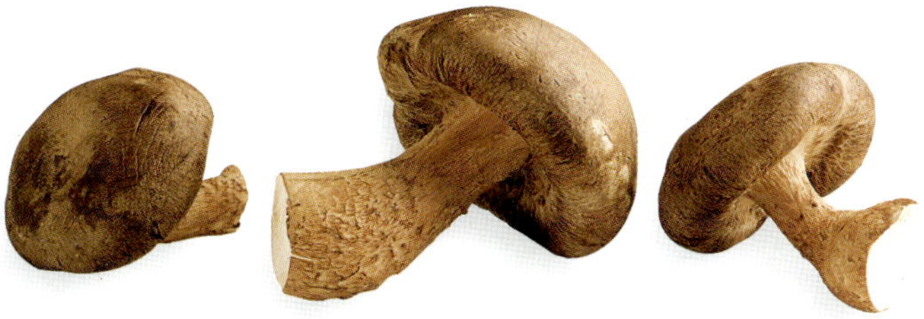

Omelett mit Steinpilzen

einfach, Blitzrezept
2 Portionen

- 2 mittelgroße Steinpilze
- 1/2 Bund glatte Petersilie
- 4 EL Olivenöl
- Salz
- frisch gemahlener Pfeffer
- 4 Eier

Die Steinpilze mit einem kleinen Messer putzen und mit Küchenpapier abreiben - möglichst nicht waschen! Die Pilze mit Stiel und Hut in nicht zu dünne Scheiben schneiden. Die Petersilie waschen, trockenschütteln und die Blätter in feine Streifen schneiden.

3 Eßlöffel Olivenöl in einer beschichteten Pfanne erhitzen und die Steinpilze darin goldbraun rösten, salzen und pfeffern. Die ganzen Scheiben aus der Pfanne heben und warm halten.

Die Eier mit etwas Salz und Pfeffer schlagen. 1 Eßlöffel Öl in die Pfanne geben, erhitzen und die Eimasse über die verbliebenen Pilzstücke gießen. Einen Teil der Petersilie einstreuen und mit einem Holzlöffel oder einem Gabelrücken mehrmals durch die Eimasse rühren. Das Omelett bei guter Mittelhitze stocken lassen. Ehe es ganz durchbäckt, die Pfanne rütteln und kippen, dabei schiebt sich das Omelett am Pfannenrand zusammen. Mit dem Löffel nachhelfen, um erst den oberen und dann den unteren Omelettrand einzuschlagen. Das eingerollte Omelett mit der Nahtstelle nach unten auf einen kleine, vorgewärmte Platte stürzen. Mit den Pilzscheiben garnieren und mit der restlichen Petersilie bestreuen.

Sofort servieren!

Nährwerte pro Portion
Kilokalorien 535, Kilojoule 2235, Eiweiß/g 20, Kohlenhydrate/g 6, Fett/g 44, Ballaststoffe/g 6,0

Eierfrikassee mit Champignonsauce

einfach, Blitzrezept
4 Portionen

- 1 kleine Zwiebel
- 25 g Butter
- 150 g Champignons
- 375 ml Brühe
- Salz
- frisch gemahlener weißer Pfeffer
- 100 g Schlagsahne
- 25 g Speisestärke
- 1 TL Zitronensaft
- 4-6 hartgekochte Eier
- 75 g gekochter Schinken am Stück
- 1 Bund glatte Petersilie

Die Zwiebel abziehen und in kleine Würfel schneiden. Die Butter in einer Pfanne erhitzen und die Zwiebelwürfel darin andünsten.

Die Champignons putzen und in feine Scheiben schneiden, dazugeben und kurz dünsten. Die Brühe auffüllen, mit Salz und Pfeffer würzen. Kurze Zeit köcheln lassen.

Die Sahne mit der Speisestärke verrühren und die Sauce damit binden. Mit Zitronensaft abschmecken.

Die Eier halbieren, den Schinken in Würfel schneiden. Beides in der Sauce erhitzen, aber nicht mehr kochen lassen.

Die Petersilie waschen, trockenschütteln, die Blätter hacken und das Gericht damit bestreuen.

Gleichzeitig dazu Reis kochen.

Nährwerte pro Portion
Kilokalorien 326, Kilojoule 1370, Eiweiß/g 15, Kohlenhydrate/g 9, Fett/g 25, Ballaststoffe/g 1,0

Eierpfanne mit Champignons

einfach, Blitzrezept
4 Portionen

- 250 g Champignons
- 1 Bund frische Kräuter (z. B. Schnittlauch, Kerbel, Dill, Petersilie)
- 1 Schalotte
- 1 EL Butter
- 8 Eier
- 150 g Schlagsahne
- Salz
- grobgeschroteter Pfeffer
- 1 Messerspitze Cayennepfeffer
- 125 g geriebener Emmentaler

Die Champignons putzen, waschen und abtropfen lassen. Dann in dünne Scheiben schneiden.

Die Kräuter waschen, trockenschütteln und fein hacken. Die Schalotte abziehen und hacken.

In einer großen, beschichteten Pfanne die Butter erhitzen. Champignons und Schalotte darin unter Rühren anbraten.

Die Eier mit der Schlagsahne, den Kräutern, Salz, Pfeffer und Cayennepfeffer verquirlen. Über die Champignons gießen und mit dem Käse bestreuen. Bei schwacher Hitze stocken lassen, dabei die Pfanne gelegentlich rütteln.

Mit frischem Bauernbrot und gesalzener Butter servieren.

Nährwerte pro Portion
Kilokalorien 360, Kilojoule 1510, Eiweiß/g 20, Kohlenhydrate/g 4, Fett/g 27, Ballaststoffe/g 1,8

Pilzessenz

einfach, braucht Zeit
4 Portionen

- 50 g getrocknete Pilze (z. B. Herbsttrompeten, Habichtspilze, Steinpilze oder Morcheln)
- 1 l Kalbsbrühe
- 1 Eiweiß
- 100 g Lauch (nur das Weiße)
- 100 g Staudensellerie
- 100 g Möhren
- Salz
- frisch gemahlener weißer Pfeffer

Die getrockneten Pilze in der lauwarmen Kalbsbrühe einweichen. Dann das leicht geschlagene Eiweiß einrühren, die Brühe einmal aufkochen, vom Herd nehmen und zugedeckt 15 Minuten stehen lassen.

Ein Sieb mit einem Mulltuch auslegen, die Brühe in einen breiten Topf durchlaufen lassen, ohne zu rühren oder zu drücken, damit die Essenz glasklar bleibt.

Inzwischen das Gemüse putzen, fein würfeln und 1 Minute in kochendem Wasser blanchieren. Herausheben und in Eiswasser abschrecken.

Zum Servieren die Gemüsewürfel in die mit Salz und Pfeffer abgeschmeckte Pilzessenz geben, kurz erhitzen und in vorgewärmten Tellern anrichten.

Nährwerte pro Portion
Kilokalorien 20, Kilojoule 90, Eiweiß/g 2, Kohlenhydrate/g 2, Fett/g 1, Ballaststoffe/g 1,5

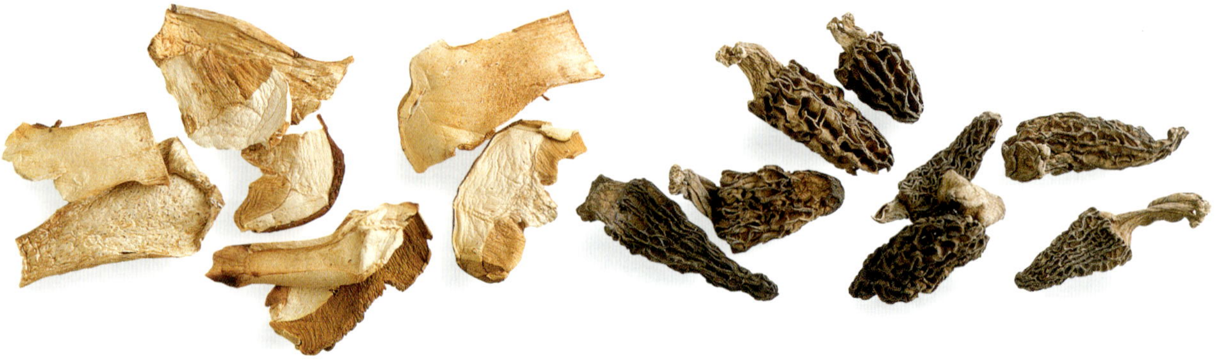

Steinpilzconsommé

einfach, braucht Zeit
4 Portionen

- 40 g getrocknete Steinpilze
- 1 l Kalbsbrühe (oder Kalbsfond aus dem Glas)
- 1 Eiweiß
- 150 g frische Steinpilze
- 2 EL Öl
- Salz
- frisch gemahlener schwarzer Pfeffer
- 2 EL Schnittlauchröllchen

Die getrockneten Steinpilze heiß abbrausen und in der lauwarmen Brühe einweichen. Dann das leicht geschlagene Eiweiß einrühren, die Brühe einmal aufkochen, vom Herd nehmen und zugedeckt 15 Minuten stehen lassen.

Ein Sieb mit einem Mulltuch auslegen, die Brühe in einen Topf durchlaufen lassen, ohne zu rühren oder zu drücken, damit die Brühe glasklar bleibt.

Die frischen Steinpilze putzen und in Scheiben schneiden. Im heißen Öl in einer Pfanne kurz braten, salzen und pfeffern.

Pilzscheiben und evtl. andere Einlagen auf vorgewärmte Teller verteilen. Das wieder erhitzte Steinpilzconsommé abschmecken, darübergießen und den Schnittlauch aufstreuen.

Als Einlage in der Suppe schmecken Mark-, Pilz- oder Grießklößchen. Dazu passen Markkrusteln: In Butter geröstete Weißbrotstreifen mit blanchierten Markscheiben belegen, leicht pfeffern und kräftig salzen. Auf der obersten Schiene bei 250 °C oder unter dem Grill nur kurz bräunen. Das Mark darf nicht zu stark schmelzen!

Nährwerte pro Portion
Kilokalorien 110, Kilojoule 450, Eiweiß/g 5, Kohlenhydrate/g 5, Fett/g 7, Ballaststoffe/g 3,8

Geflügelconsommé mit Pilzklößchen

einfach, braucht Zeit
4 Portionen

- 150 g Champignons
- 60 g Knochenmark
- 2 Schalotten
- 2 kleine Knoblauchzehen
- 2 TL Butter
- etwas getrockneter Majoran
- Salz
- frisch gemahlener schwarzer Pfeffer
- 100 g Kalbsbrät
- 2 kleine Eier
- 2 EL Semmelbrösel

Brühe
- 1,2 l Geflügelfond (Fertigprodukt)
- etwas Schnittlauch zum Garnieren

Die Champignons abbrausen, trockentupfen, putzen und fein hacken. Das Knochenmark ebenfalls hacken. Schalotten und Knoblauch abziehen und fein würfeln.

Die Butter in einer Pfanne zerlassen, die gehackten Zutaten darin bei mittlerer Hitze anschwitzen. Mit Majoran, Salz und Pfeffer würzen und so lange wenden, bis der Saft der Pilze verdampft ist. Beiseite stellen und abkühlen lassen.

Dann Kalbsbrät, Ei und Semmelbrösel unter die Pilzmasse mischen. In einem Topf Salzwasser zum Kochen bringen. Ein Probeklößchen kochen, wenn die Masse zu weich ist, noch etwas Semmelbrösel einrühren.

Mit nassen Händen kleine Bällchen formen und gut 10 Minuten im Salzwasser bei schwacher Hitze gar ziehen lassen.

Inzwischen den Geflügelfond erhitzen. Den Schnittlauch waschen, verlesen und in Röllchen schneiden. Die Brühe und die Klößchen in vorgewärmte Suppentassen verteilen und den Schnittlauch darüberstreuen.

Nährwerte pro Portion
Kilokalorien 490, Kilojoule 2060, Eiweiß/g 43, Kohlenhydrate/g 6, Fett/g 29, Ballaststoffe/g 1,7

Consommé mit gefüllten Morcheln

braucht Zeit
4 Portionen

- 40 g getrocknete Spitzmorcheln

Füllung
- 1 Brötchen
- 100 g Schlagsahne
- 100 g Kalbsbrät
- 1 Eiweiß
- Salz
- frisch gemahlener weißer Pfeffer
- 1 Prise Muskatnuß
- etwas frischer Kerbel

- 700 ml Rinderkraftbrühe
- 4 Scheiben TK-Blätterteig
- 1 Ei

Die Morcheln in einer tiefen Schale mit heißem Wasser bedecken und mindestens 30 Minuten ausquellen lassen.

Das Brötchen dünn schälen, in Scheiben schneiden und in der Sahne einweichen. Dann leicht ausdrücken, mit den anderen Zutaten für die Füllung vermischen und mit dem Pürierstab zu einer glatten Masse verarbeiten. Die Kerbelblättchen von den Stengeln zupfen und mit der Füllung vermengen. Die Masse zugedeckt in den Kühlschrank stellen.

Die Morcheln aus dem Wasser heben, gründlich waschen und abtropfen lassen. 100 ml Morchelwasser durch ein feines Sieb zu der Rinderbrühe in einen Topf gießen, einmal aufkochen und mit Salz und Pfeffer abschmecken.

Die Blätterteigscheiben auftauen.

Die Kalbfleischmasse in einen Spritzbeutel mit Lochtülle füllen. Alle mittleren und großen Morcheln mit der Masse füllen, nur sehr kleine Pilze ungefüllt zur Suppe geben.

Eigelb und Eiweiß getrennt in 2 Schälchen leicht schlagen. Die Blätterteigscheiben etwas breiter ausrollen, eine feuerfeste Tasse mit der Öffnung daraufstellen und runde Scheiben mit einem Saum von 2 cm ausschneiden.

Die Morcheln auf 4 feuerfeste Tassen verteilen und die Brühe bis daumenbreit unter den Rand einfüllen. Den Tassenrand mit Eiweiß bestreichen und den Blätterteigdeckel auflegen. Die Teigränder rundherum fest andrücken und die Oberfläche mit Eigelb bestreichen.

Die Tassen mit genügend Abstand zur Ofendecke in den auf 220 °C vorgeheizten Backofen stellen. Etwa 10 Minuten backen, bis die Blätterteighaube aufgegangen und goldbraun ist. Sofort servieren.

Nährwerte pro Portion
Kilokalorien 540, Kilojoule 2260, Eiweiß/g 15, Kohlenhydrate/g 38, Fett/g 34, Ballaststoffe/g 3,9

Vietnamesische Glasnudelsuppe mit Huhn

einfach, braucht Zeit
4 Portionen

- 10 g getrocknete Spitzmorcheln
- 10 g getrocknete Tongku-Pilze, Mu-er oder andere chinesische Pilze
- 50 g Glasnudeln
- 1 kleines Huhn, ca. 800 g
- Salz
- 1 TL Pfefferkörner
- 1 Bund Suppengrün
- 1 EL getrocknetes Zitronengras
- 2 EL Sojasauce
- 1 Bund Frühlingszwiebeln
- einige frische Korianderstengel
- 1 Bund Schnittlauch

Beide Pilzsorten mit warmem Wasser bedeckt ca. 30 Minuten quellen lassen. Das Wasser aufbewahren. Die Pilzstiele abschneiden. Die Morcheln aufschlitzen und den Sand auswaschen. Chinesische Pilze in mundgerechte Stücke schneiden.

Das Huhn waschen, häuten, der Länge nach halbieren und mit 1 Liter Wasser und den Zutaten bis inklusive Zitronengras 30 Minuten kochen. Das Pilzwasser durch ein Teesieb zugießen. Danach das Huhn zerlegen und das Fleisch in mundgerechte Streifen schneiden. Inzwischen die Brühe sprudelnd kochen lassen, dann abseihen.

Die Glasnudeln 10 Minuten in kaltem Wasser quellen lassen, dann herausheben und in Stücke von ca. 6 cm Länge schneiden (am besten mit der Schere).

Hühnerfleisch und Brühe wieder in den Kochtopf geben, abgetropfte Pilze, Glasnudeln und Sojasauce einrühren. Mit Salz abschmecken. Die Frühlingszwiebeln waschen, putzen, der Länge nach halbieren und in die Suppe geben. Alles weitere 5 Minuten köcheln lassen.

Die Kräuter waschen, trockenschleudern, die Korianderblättchen zupfen und den Schnittlauch fein schneiden.

Die Suppe mit den Kräutern bestreuen und sehr heiß servieren.

Nährwerte pro Portion
Kilokalorien 280, Kilojoule 1190, Eiweiß/g 24, Kohlenhydrate/g 24, Fett/g 12, Ballaststoffe/g 1,6

Kartoffelsuppe mit Pilzen

einfach
4 Portionen

- 2 Zwiebeln
- 2 Knoblauchzehen
- 100 g Knollensellerie
- 1 Bund glatte Petersilie
- 2 EL Butter
- 1 gestr. TL getrockneter Thymian
- 200 ml Weißwein
- 1 l Fleischbrühe
- 2 mittelgroße, mehlig kochende Kartoffeln
- 100 g geräucherter Schweinebauch
- 2 TL Öl
- 300 g Mischpilze oder Shiitake-Pilze
- Salz
- frisch gemahlener weißer Pfeffer
- etwas frisch geriebene Muskatnuß
- 2 EL Schnittlauchröllchen

Zwiebeln und Knoblauch abziehen und fein würfeln, bzw. durch die Presse drücken. Sellerie und Petersilie putzen, waschen und kleinschneiden.

Die Butter in einem Topf aufschäumen, das vorbereitete Gemüse darin unter Rühren anschwitzen. Den Thymian einrühren, Wein und Brühe angießen. Die Kartoffeln schälen, fein raspeln und ebenfalls untermischen. Aufkochen, dann bei milder Hitze zugedeckt etwa 20 Minuten köcheln lassen.

Die Suppe mit dem Pürierstab direkt im Topf oder im Mixer leicht, aber nicht vollständig pürieren.

Den Schweinebauch würfeln, im Öl in einer Pfanne knusprig ausbraten. Die Pilze putzen und kleinschneiden. Zum Schweinebauch geben und einige Minuten braten, mit Salz, Pfeffer und Muskat würzen. Die Pilze unter die Suppe rühren, abschmecken und kurz wieder aufkochen.

Die Suppe auf Teller verteilen und mit Schnittlauch bestreuen.

Nach Belieben jede Portion mit etwas Crème fraîche oder geschlagener Sahne garnieren.

Mit Schnittlauchbrot servieren.

Nährwerte pro Portion
Kilokalorien 430, Kilojoule 1800, Eiweiß/g 14, Kohlenhydrate/g 27, Fett/g 27, Ballaststoffe/g 9,0

Pilzrahmsuppe

einfach, Blitzrezept
4 Portionen

- 400 g Mischpilze aus dem Wald oder 200 g Pfifferlinge, 150 g braune Egerlinge, 50 g Shiitake-Pilze
- 1 Zwiebel
- 1 Knoblauchzehe
- 1 EL Butter
- 800 ml Brühe
- 100 ml Weißwein
- 200 g Schlagsahne
- Salz
- frisch gemahlener weißer Pfeffer
- 2 Eigelb
- 1/2 Bund glatte Petersilie
- 1/2 Bund Schnittlauch

Die Pilze verlesen, evtl. kurz abbrausen, auf Küchenpapier trocknen und putzen (die Stiele der Shiitake entfernen). Die Pilze nur grob zerteilen.

Die Zwiebel und die Knoblauchzehe abziehen und fein hacken.

Die Butter in einem weiten Topf zerlassen und Zwiebel und Knoblauch darin glasig dünsten. Die Pilze zugeben und bei guter Mittelhitze rundherum anbraten. Brühe, Weißwein und Schlagsahne angießen und die Suppe im offenen Topf 10 Minuten köcheln lassen. Mit Salz und Pfeffer abschmecken.

In eine Tasse etwas Suppe geben und die 2 Eigelb damit verrühren. Die Suppe mit dem Eigelb binden, dabei gut rühren und nicht mehr aufkochen.

Die Kräuter waschen und trockenschütteln. Die Petersilienblätter fein hacken, den Schnittlauch in Röllchen schneiden und die Kräuter einrühren. Die Suppe vom Herd nehmen und zugedeckt noch 5 Minuten ziehen lassen.

Die Pilzrahmsuppe in vorgewärmten Suppentellern anrichten und nach Belieben mit halbsteif geschlagener Sahne garnieren.

Nährwerte pro Portion
Kilokalorien 250, Kilojoule 1050, Eiweiß/g 5, Kohlenhydrate/g 4, Fett/g 23, Ballaststoffe/g 2,3

D

Petersfisch mit schwarzer Trüffel

einfach, braucht Zeit
4 Portionen

Kartoffelpüree
- 600 g Kartoffeln
- Salz
- 100 ml Milch
- 20 g Butter
- 1 frische schwarze Trüffel, ca. 50 g

Petersiliensauce
- 2 Schalotten
- 1/2 EL Butter
- 200 ml Weißwein
- 200 ml Fischbrühe
- 200 g Schlagsahne
- 1 Bund glatte Petersilie
- Salz
- frisch gemahlener weißer Pfeffer
- 1-2 EL Noilly Prat
  (trockener, weißer Wermut)

- 4 Filets vom Petersfisch, je ca. 180 g
- Salz
- 80 g weiche Butter
- 1 Bund glatte Petersilie
- 30 g frische Weißbrotbrösel
- frisch gemahlener weißer Pfeffer
- fein geriebene Schale von 1/2 Zitrone
- 400 ml Fischfond

Das Kartoffelpüree zubereiten und locker aufschlagen.

Die Trüffel waschen, mit Küchenpapier trockentupfen und rundherum so ebenmäßig beschneiden, daß man die Trüffel in schöne Scheiben hobeln kann. Alle Pilzstücke, die abfallen, fein hacken und unter das Kartoffelpüree ziehen. Das Püree auskühlen lassen. Vor dem Servieren das Kartoffelpüree mit wenig heißer Milch schlagen und aufwärmen.

Für die Petersiliensauce die Schalotten abziehen und sehr fein hacken. Die Butter in einem Topf zerlassen und die Schalotten darin glasig dünsten. Mit Weißwein ablöschen und den Wein bei starker Hitze etwas einkochen lassen. Dann die Fischbrühe und die Schlagsahne angießen und die Sauce bei mittlerer Hitze um 1/3 einkochen.

Inzwischen die Petersilie waschen, trockenschütteln und die Blätter grob hacken. Etwas von der Sauce abnehmen und mit der Petersilie pürieren. Das Püree zur Sauce geben, mit Salz und Pfeffer würzen und mit 1 bis 2 Eßlöffel Noilly Prat abschmecken. Die Sauce durch ein Sieb streichen und abgedeckt zur Seite stellen. Erst vor dem Anrichten wieder aufwärmen.

Die Fischfilets mit Küchenpapier trockentupfen und schwach salzen. Die Butter in einem Schüsselchen kurz rühren. Die Petersilie waschen, trockenschütteln und fein hacken. Dann mit den Brotbröseln zur Butter geben und verrühren. Mit Salz, Pfeffer und Zitronenschale abschmecken. Diese Würzpaste auf die Fischfilets streichen.

Eine nicht zu große, flache, feuerfeste Form wählen, in die die Fischfilets nebeneinander hineinpassen. Den kalten Fischfond in die Form gießen, die Filets einlegen und im Backofen unter dem vorgeheizten Grill etwa 5 Minuten garen.

Achtung: Der Fond darf nicht kochen, sonst wird der Fisch zu trocken!

Das aufgewärmte Kartoffelpüree als Bett für den Fisch auf 4 vorgewärmte Teller verteilen. Hübsch sieht es aus, das Püree mit dem Dressiersack durch eine große Sterntülle zu spritzen. Die Fischfilets aus der Form heben, kurz abtropfen lassen und auf das Püreebett setzen. Die aufgewärmte Petersiliensauce angießen und die Trüffel frisch über jede Portion hobeln.

Das Gericht sofort auftragen. Dazu passen in Butter geschwenkte Zuckerschoten.

Nährwerte pro Portion
Kilokalorien 700, Kilojoule 2950, Eiweiß/g 43, Kohlenhydrate/g 29, Fett/g 46, Ballaststoffe/g 6,0

Petersfisch auf Artischocken mit Trüffel

einfach, braucht Zeit
4 Portionen

Sahnesauce
- 2 Schalotten
- 1/2 EL Butter
- 200 ml Weißwein
- 200 ml Fischbrühe
- 200 g Schlagsahne
- Salz
- frisch gemahlener weißer Pfeffer
- 1-2 EL Noilly Prat (trockener, weißer, Wermut)

Kartoffelschaum
- 400 g Kartoffeln
- Salz
- 80 ml Milch
- 15 g Butter
- 1 frische schwarze Trüffel, ca. 50 g
- Schnee von 2 Eiweiß

- 8 Artischockenböden (Konserve)
- 1/2 Bund Basilikum

- 4 Filets vom Petersfisch, je ca. 180 g
- Salz
- 400 ml Fischfond

Die Schalotten abziehen und sehr fein hacken. Die Butter in einem Topf zerlassen und die Schalotten darin glasig dünsten. Mit Weißwein ablöschen und den Wein bei starker Hitze etwas einkochen lassen. Dann die Fischbrühe und die Schlagsahne angießen und die Sauce bei mittlerer Hitze um 1/3 einkochen. Mit Salz und Pfeffer würzen und mit 1 bis 2 Eßlöffeln Noilly Prat abschmecken. Die Sauce durch ein Sieb streichen und abgedeckt zur Seite stellen. Erst vor dem Anrichten wieder aufwärmen.

Das Kartoffelpüree zubereiten und locker aufschlagen.

Die Trüffel waschen, mit Küchenpapier trockentupfen und rundherum so ebenmäßig beschneiden, daß man die Trüffel in schöne Scheiben hobeln kann. Alle Pilzstücke, die abfallen, fein hacken und unter das Kartoffelpüree ziehen. Den Eischnee erst unterheben, kurz bevor das Püree auf dem Fisch überbacken wird.

Die Artischockenböden samt ihrem Sud in einem Topf bei schwacher Hitze zugedeckt aufwärmen. Das Basilikum waschen, trockenschütteln und die Blätter von den Stielen zupfen.

Die Fischfilets mit Küchenpapier trockentupfen und schwach salzen. Eine nicht zu große, flache, feuerfeste Form wählen, in die die Fischfilets nebeneinander hineinpassen. Den kalten Fischfond in die Form gießen, den Kartoffelschaum auf die Filets häufen und den Fisch in die Form legen. Im Backofen auf der mittleren Schiene unter dem vorgeheizten Grill 6 bis 7 Minuten garen.

Achtung: Der Fond darf nicht kochen, sonst wird der Fisch zu trocken!

Die heißen Artischockenböden gut abtropfen lassen und auf vorgewärmte Teller verteilen. Die gratinierten Fischfilets aus dem Fond heben, kurz abtropfen lassen und auf die Artischocken setzen. Die aufgewärmte Sahnesauce angießen, die Trüffel darüberhobeln und das Gericht mit den gezupften Basilikumblättchen bestreuen.

Nährwerte pro Portion
Kilokalorien 500, Kilojoule 2110, Eiweiß/g 44, Kohlenhydrate/g 18, Fett/g 28, Ballaststoffe/g 8,9

Tip

Besser als aus dem Glas schmekken natürlich Artischockenböden, die man selbst auslöst und frisch kocht. Das kann im voraus geschehen: Die Artischockenböden knapp gar kochen, in ihrem Sud auskühlen lassen und darin auch wieder aufwärmen.

Gebratenes Bries mit Pfifferlingen

einfach, braucht Zeit
4 Portionen

- 750 g Kalbsbries
- 1 Zwiebel
- 3 Gewürznelken
- 1 Petersilienwurzel
- 1/4 Sellerieknolle
- 1 Lauchstange
- 1/4 l Weißwein
- 1 Lorbeerblatt
- 1 TL weiße Pfefferkörner
- Salz
- Butter zum Braten

- 400 g Pfifferlinge
- 1 Schalotte
- 1 Bund glatte Petersilie
- 1 EL Butter
- frisch gemahlener Pfeffer

- 400 g Schlagsahne
- 50 g Butter

- 250 g feine Bandnudeln

Das Kalbsbries zum Säubern 2 Stunden in kaltes Wasser legen und danach noch alle verfärbten Stellen wegschneiden.

Die Zwiebel abziehen, mit den Gewürznelken spicken. Die Petersilienwurzel und den Sellerie schälen. Den weißen Teil der Lauchstange putzen und waschen. Das Gemüse grob zerteilen.

Die gespickte Zwiebel mit dem anderen Gemüse, mit Weißwein, Lorbeerblatt und Pfefferkörnern in einen Topf geben, das Bries einlegen und gut mit kaltem Wasser bedekken. 1 Eßlöffel Salz zugeben. Den Sud langsam zum Kochen bringen, 2 Minuten köcheln lassen, dann den Topf vom Herd nehmen und zudecken. Das Bries im Sud abkühlen lassen. Wenn es noch leicht lauwarm ist, das Bries aus dem Sud heben, alle sehnigen Teile entfernen und die Haut abziehen. Dabei darauf achten, daß das Bries möglichst am Stück bleibt. Den Sud abseihen und das Bries bis zur weiteren Verwendung wieder hineinlegen.

Die Pfifferlinge abbrausen, abtropfen lassen, putzen und große Pilze zerteilen. Die Schalotte abziehen und fein hacken. Die Petersilie waschen, trockenschütteln und die Blätter hacken.

Die Butter in einer Kasserolle zerlassen, die Schalotte darin glasig dünsten und die Pfifferlinge zugeben. Salzen, pfeffern und bei guter Mittelhitze 5 Minuten sautieren. Dann die Petersilie zugeben und die Pfiffer-

linge bei mäßiger Hitze noch etwas ziehen lassen.

Die Sahne in einem weiten Topf aufkochen und bei starker Hitze eindicken lassen. Die Butter in kleinen Stückchen mit dem Pürierstab einarbeiten und die Sauce salzen und pfeffern. Nicht mehr aufkochen!

Die Bandnudeln nach Packungsanleitung in Salzwasser bißfest kochen, abgießen und in dem Topf mit der Sahnesauce wenden.

Während die Nudeln kochen, das Bries in dicke Scheiben schneiden. Die Butter in einer Pfanne zerlassen und das Bries bei guter Mittelhitze auf beiden Seiten insgesamt 3 bis 4 Minuten braten. Leicht salzen und pfeffern.

Das Bries auf vorgewärmten Tellern mit den Pfifferlingen anrichten. Die Nudeln zu Nestern drehen und dazusetzen, die restliche Sahnesauce angießen.

Das Gericht möglichst heiß servieren.

Nährwerte pro Portion
Kilokalorien 940, Kilojoule 3950, Eiweiß/g 46, Kohlenhydrate/g 47, Fett/g 58, Ballaststoffe/g 3,6

Hühnerbrust in Sesamkruste mit Shiitake-Gemüse

einfach, zum Einfrieren
4 Portionen

- 4 ganze Hühnerbrustfilets (etwa 500 g)
- Salz
- frisch gemahlener weißer Pfeffer
- 4 EL Soja-Öl
- 250 g Shiitake-Pilze oder Champignons
- 1 Bund Frühlingszwiebeln
- etwas Mehl
- 2 Eier
- 75 g Sesamsamen
- 1 TL Traubenkernöl
- 200 ml Hühnerfond
- 40 g eiskalte Butter

Die Hühnerbrustfilets sauber parieren (von Fett und Haut befreien), salzen und pfeffern und vom spitzen Ende her zu einem Päckchen einschlagen. Mit Küchengarn in Form binden. In 1 Eßlöffel Soja-Öl in einer Pfanne rundherum anbraten, dann bei milder Hitze noch 2 Minuten weiterbraten. Herausnehmen und etwas abkühlen lassen.

Inzwischen die Pilze abreiben und putzen. Die Frühlingszwiebeln waschen, putzen und in 1 cm breite Ringe schneiden.

Die Hühnerbruströllchen vom Küchengarn befreien und mit Mehl bestäuben. Die Eier auf einem Teller verquirlen, den Sesam auf einen zweiten Teller geben. Die Röllchen erst im Ei, dann sorgfältig im Sesam wenden. Die Sesamsamen gut andrücken. Wieder 1 Eßlöffel Soja-Öl in der Pfanne erhitzen und die Röllchen darin rundherum noch gut 5 Minuten braten.

In einer anderen Pfanne 2 Eßlöffel Soja-Öl erhitzen, die Pilze und die Frühlingszwiebeln darin anbraten. Das Traubenkernöl dazugeben, das Gemüse salzen und pfeffern und etwa 5 Minuten sautieren.

Die Geflügelröllchen und das Pilzgemüse anrichten und warm halten. Den Fond in die beiden Pfannen gießen, aufkochen und die Sauce aus einer Pfanne in die andere gießen. Vom Herd nehmen, die eiskalte Butter in kleinen Stückchen mit einem Schneebesen unterschlagen und die Sauce dadurch binden. Abschmecken, zu Fleisch und Gemüse servieren.

Gedünstete Täubchen mit Pilzen

Durch das Dünsten garen die Vögel sozusagen „im eigenen Saft“ und behalten dadurch, genauso wie das Gemüse, ihr eigenes, zartes Aroma.

einfach, braucht Zeit
2 Portionen

- 2 küchenfertige, junge Täubchen
- Salz
- frisch gemahlener weißer Pfeffer
- 2 EL Öl
- 50 g Butter
- 1 Stange Lauch
- 250 g Stockschwämmchen, Maronen oder Shiitake
- 1/4 l Weißwein
- eventuell Geflügelbrühe

Die Täubchen waschen, trockentupfen und mit Salz und Pfeffer innen und außen würzen.

In einem Topf Öl und Butter aufschäumen lassen, die Täubchen darin auf der Brustseite andünsten und wenden.

Den Lauch waschen und in Ringe schneiden. Die Pilze putzen, wenn nötig kurz waschen und je nach Größe teilen. Die Gemüse zu den Täubchen geben.

Nochmals würzen, den Weißwein angießen und dann den Deckel fest verschließen. Die Täubchen etwa 20 Minuten bei schwacher Hitze gar dünsten. Wenn nötig mit etwas Geflügelbrühe auffüllen, damit das Gericht nicht ansetzt.

Die Täubchen und das Gemüse auf vorgewärmten Tellern servieren.

Nährwerte pro Portion
Kilokalorien 1030, Kilojoule 4300, Eiweiß/g 42, Kohlenhydrate/g 19, Fett/g 81, Ballaststoffe/g 6,0

Tip

Wer die Täubchen gebräunt möchte, legt sie vor dem Servieren auf eine feuerfeste Platte und bestreicht die Brüste mit etwas Butter. Einige Minuten unter den vorgeheizten Infrarotgrill schieben und dabei nicht aus dem Auge lassen.

Nährwerte pro Portion
Kilokalorien 450, Kilojoule 1900, Eiweiß/g 34, Kohlenhydrate/g 8, Fett/g 32, Ballaststoffe/g 5,0

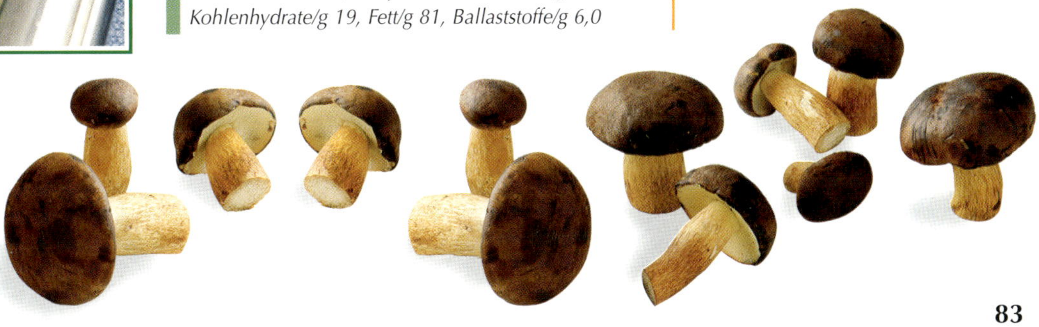

Schmorhuhn „Madame Renoir"

einfach, braucht Zeit, zum Einfrieren
4 Portionen

- 1 frisches Masthähnchen, ca. 1,5 kg
- Salz
- frisch gemahlener Pfeffer
- 3 EL Olivenöl
- 1 kleine Dose geschälte Tomaten, 400 g
- 1 Zwiebel
- 1 Knoblauchzehe
- 1 EL Butter
- 1 TL getrocknete provenzalische Kräuter
- 1 Lorbeerblatt
- 1 g Safran
- 1/4 l Weißwein
- 300 g braune Egerlinge
- 4 cl Cognac
- 1 Bund glatte Petersilie

Das sichtbare Fett am Bürzel und im Inneren der Bauchhöhle wegschneiden. Das Hähnchen gründlich waschen und trockentupfen. In 8 Stücke zerteilen und mit Salz und Pfeffer einreiben.

Das Olivenöl in einer Kasserolle erhitzen. Die Hähnchenteile darin von allen Seiten goldbraun anbraten. Die Geflügelstücke aus dem Topf heben und auf mehrere Lagen Küchenpapier legen. Das überschüssige Bratfett aus der Kasserolle abgießen.

Die Tomaten in ein Sieb abschütten und dabei den Saft in einer Schüssel auffangen. Die Tomaten in kleine Stücke schneiden.

Die Zwiebel und die Knoblauchzehe abziehen und fein hacken.

Die Butter in der Kasserolle zerlassen. Zwiebel und Knoblauch darin andünsten.

Die Tomaten mit dem Saft, den Kräutern, Lorbeerblatt, Safran und Weißwein dazugeben, gut vermischen und einmal aufkochen lassen.

Die Hähnchenteile in die Schmorflüssigkeit legen. Bei kleiner Hitze zugedeckt ca. 1 Stunde garen, dabei gelegentlich umrühren, damit nichts anliegt.

Die Egerlinge putzen und unter fließendem Wasser waschen. In feine Scheiben schneiden. Zum Geflügel geben und alles weitere 10 Minuten schmoren. Zum Schluß mit Cognac, Salz und Pfeffer abschmecken.

Die Petersilie waschen, trockentupfen und fein hacken. Vor dem Servieren in die Schmorhuhnsauce rühren.

Nährwerte pro Portion
Kilokalorien 540, Kilojoule 2260, Eiweiß/g 41, Kohlenhydrate/g 4, Fett/g 34, Ballaststoffe/g 3,0

Coq au Vin

einfach, braucht Zeit, zum Einfrieren
4 Portionen

- 1 große Poularde, ca. 1,5 kg
- 100 g magerer, geräucherter Schweinebauch
- 250 g Schalotten
- 400 g kleine, weiße Champignons
- 2 Knoblauchzehen
- 40 g Butterschmalz
- Salz
- frisch gemahlener weißer Pfeffer
- 4 cl Weinbrand
- 1 Möhre
- 1 Selleriestange
- 1 Lauchstange
- Kräutersträußchen aus Thymian, Petersilie, Liebstöckel
- 1/2 l trockener Weißwein

Zum Binden

- 150 g Schlagsahne
- 2 Eigelb
- etwas Zitronensaft zum Abschmecken

Die Poularde waschen, trocknen und in 8 Stücke teilen: An den Flügeln etwas Brust lassen, die restlichen Brusthälften ganz lassen, die Keulen halbieren.

Den Schweinebauch klein würfeln, die Schalotten abziehen und ganz lassen. Die

Ein klassisches französisches Hähnchenrezept, das zu den allerbesten Geflügelgerichten gehört.

Champignons putzen und ebenfalls ganz lassen oder halbieren. Den Knoblauch abziehen und fein hacken.

Das Butterschmalz in einem weiten Topf erhitzen und den Schweinebauch darin anrösten. Die Geflügelteile zugeben und rundherum anbraten. Schalotten, Champignons und Knoblauch zugeben, mit Salz und frisch gemahlenem weißen Pfeffer bestreuen. Bei schwacher Hitze den Weinbrand angießen und das Gericht flambieren.

Möhre, Sellerie und Lauch putzen, waschen und zusammenbinden, mit dem Kräutersträußchen einlegen und den Weißwein angießen. Den Topf verschließen und den Coq au Vin bei mittlerer Hitze gut 1 Stunde schmoren. Den Topf ab und zu rütteln.

Die gegarten Hähnchenteile mit dem Gemüse herausheben und warm halten, das Bund Suppengemüse und das Kräutersträußchen entfernen.

Schlagsahne und Eigelb glattrühren und die Sauce damit binden. Die Sauce erhitzen, ohne sie aufzukochen, und mit einigen Spritzern Zitronensaft abschmecken.

Coq au Vin auf einer vorgewärmten Platte oder portionsweise anrichten und mit der Sauce überziehen.

Nährwerte pro Portion
Kilokalorien 720, Kilojoule 3020, Eiweiß/g 59, Kohlenhydrate/g 4, Fett/g 53, Ballaststoffe/g 2,7

Semmelknödel

- Knödelbrot von 7 altbackenen Semmeln (etwa 300 g)
- ca. 150 ml warme Milch
- 2 Eier
- Salz
- frisch gemahlener schwarzer Pfeffer
- 1 Messerspitze geriebene Muskatnuß
- 1 Zwiebel
- 1/2 Bund glatte Petersilie
- 1/2 TL getrockneter Majoran
- 1 EL Butter

Wenn es kein fertiges Knödelbrot gibt, 7 Semmeln vom Vortag in dünne Scheiben schneiden, mit der warmen Milch übergießen und einen Deckel oder Teller fest aufdrücken. 15 Minuten weichen lassen.

Eier, Salz, Peffer und Muskatnuß zugeben und einmal durchmischen.

Die Zwiebel abziehen, die Petersilie waschen und trockenschütteln. Beides fein hacken und mit dem Majoran in der Butter andünsten. Alles zum Brotteig geben, gut durchkneten und noch etwas ziehen lassen.

In einem weiten, großen Topf reichlich Salzwasser zum Kochen bringen. Mit nassen Händen gleich große, runde Knödel aus dem Teig formen und ins kochende Wasser gleiten lassen. Die Hitze reduzieren und die Knödel 20 Minuten gar ziehen lassen, sie dürfen nicht sprudelnd kochen!

Die Knödel mehrfach im Wasser drehen.

Bayerisches Schwammerlgemüse

einfach
4 Portionen

- 500 g frische Pilze, z. B. Pfifferlinge und Maronen
- 1 große Zwiebel
- 50 g Frühstücksspeck
- 1 EL Butter
- 1 Bund glatte Petersilie
- 1/8 l Weißwein
- 1/8 l Fleischbrühe
- 1 EL Speisestärke
- 250 g Schlagsahne
- Salz
- frisch gemahlener weißer Pfeffer

Die Pilze putzen, nur falls nötig unter fließendem Wasser gründlich abspülen und gut abtropfen lassen. Größere Pilze halbieren oder vierteln.

Die Zwiebel abziehen und fein hacken. Den Frühstücksspeck in schmale Streifen schneiden. Die Butter in einer Kasserolle zerlassen, Zwiebeln und Speck darin andünsten. Die Petersilie waschen, trockenschütteln und fein hacken.

Die Pilze in die Kasserolle geben und 10 Minuten braten, dabei gelegentlich vorsichtig umrühren. Die Petersilie zufügen und kurz mitdünsten. Weißwein und Fleischbrühe angießen.

Die Speisestärke mit der Sahne verquirlen und unter die Sauce rühren. Einige Minuten köcheln lassen, dann mit Salz und weißem Pfeffer abschmecken.

Bayerisches Schwammerlgemüse mit Semmelknödeln in Suppentellern servieren.

Nährwerte pro Portion
Kilokalorien 640, Kilojoule 2690, Eiweiß/g 18, Kohlenhydrate/g 43, Fett/g 41, Ballaststoffe/g 4,5

Zu den Rahmpfifferlingen passen pro Portion besser 2 kleine als ein großer Semmelknödel.
Die Semmelknödel nach dem Rezept, Seite 86 außen, zubereiten und 8 kleine Knödel formen.

Rahmpfifferlinge

einfach, braucht Zeit
4 Portionen

- 600 g Pfifferlinge
- 1 Zwiebel
- 50 g Frühstücksspeck
- 1 Bund glatte Petersilie
- 1 EL Butter
- 100 ml Brühe
- 300 g Schlagsahne
- 100 ml Weißwein
- 1 gestrichener EL Speisestärke
- Salz
- frisch gemahlener Pfeffer

Die Pfifferlinge verlesen, kurz abbrausen, auf einem Küchentuch trocknen und putzen. Nur große Pilze zerteilen.

Die Zwiebel abziehen und fein hacken. Den Frühstücksspeck in kleine Würfel schneiden. Die Petersilie waschen, trockenschütteln und die Blätter fein hacken.

Die Butter in einem weiten Topf schmelzen und den Speck darin auslassen. Die Zwiebel zufügen und glasig andünsten. Die Pilze in den Topf geben und gut 5 Minuten braten, dabei mehrfach wenden. Die Petersilie einrühren und kurz mitdünsten.

Die Brühe und die Schlagsahne angießen und im offenen Topf 3 Minuten köcheln lassen. Den Weißwein und die Speisestärke verrühren und das Pilzgemüse damit binden. Gut durchrühren, die Sauce einmal aufwallen lassen und die Pilze mit Salz und Pfeffer abschmecken.

Die Rahmpfifferlinge mit kleinen Semmelknödeln in vorgewärmten Suppentellern anrichten.

Nährwerte pro Portion
Kilokalorien 700, Kilojoule 2930, Eiweiß/g 16, Kohlenhydrate/g 50, Fett/g 43, Ballaststoffe/g 4,3

Geschnetzeltes vom Schwein mit Shiitake-Pilzen

einfach, Blitzrezept
4 Portionen

- 300 g frische oder 30 g getrocknete Shiitake-Pilze
- 400 g Schweinefilet
- 12 Wasserkastanien (Dose)
- 25 g frischer Ingwer
- 4 EL Soja-Öl
- 16 abgezogene Mandeln
- 2 Knoblauchzehen
- je 1/2 TL zerstoßener Koriander und Kreuzkümmel
- 1 Messerspitze Chilipulver
- 1/8 l Reiswein oder nicht zu trockener Weißwein
- 4 EL Sojasauce
- 1 gehäufter TL Speisestärke
- 300 ml Hühnerbrühe
- 75 g TK-Erbsen
- Salz

Frische Pilze nicht waschen, nur abwischen, die Stiele entfernen und die Hüte in Streifen schneiden. Getrocknete Pilze in lauwarmen Wasser 2 Stunden einweichen, dann abgießen, spülen und wie die frischen Pilze behandeln.

Das Filet erst in sehr dünne Scheiben, dann in breite Streifen schneiden.

Die Wasserkastanien je nach Größe halbieren oder vierteln. Den Ingwer schälen und in feine Scheiben schneiden.

Im Wok oder in einer schweren Pfanne mit hohem Rand 2 Eßlöffel Öl erhitzen. Nacheinander Mandeln, Pilze, Kastanien und Ingwer hineingeben und unter ständigem Rühren rundherum anbraten. Den Knoblauch abziehen und durch die Presse hineindrücken. Das Gemüse kurz mit dem Knoblauch wenden und aus dem Wok nehmen.

Das restliche Öl im Wok erhitzen und das Fleisch darin portionsweise kräftig anbraten. Die Gemüsemischung zugeben, Koriander, Kreuzkümmel und Chilipulver einrühren und die Mischung mit Reiswein ablöschen. Die Sojasauce einrühren und die Flüssigkeit etwas einkochen lassen.

Die Speisestärke mit wenig Brühe glattrühren und in den Wok geben. Die übrige Brühe angießen und zu einer leicht gebundenen Sauce einkochen lassen.

Die Erbsen einrühren und kurz erhitzen. Das Gericht mit Salz und den Gewürzen herzhaft abschmecken.

Nährwerte pro Portion
Kilokalorien 510, Kilojoule 2120, Eiweiß/g 27, Kohlenhydrate/g 27, Fett/g 29, Ballaststoffe/g 4,2

Pilzgulasch

einfach, Blitzrezept
4 Portionen

- 500 g frische, gemischte Pilze
- 250 g kleine, festkochende Kartoffeln
- 250 g Tomaten
- 2 Zwiebeln
- 1/2 Bund Petersilie
- 3 Zweige Thymian
- 2 EL Butter
- 1 TL Ingwerpulver
- Salz
- 2 TL Curry
- 1/8 l Weißwein
- 1/2 Bund Basilikum

Die Pilze waschen, putzen und in mundgerechte Stücke schneiden.

Die Kartoffeln waschen, schälen und in dünne Scheiben schneiden.

Die Tomaten waschen. Die Zwiebeln abziehen. Tomaten und Zwiebeln ebenfalls in Scheiben schneiden.

Die Petersilie und den Thymian waschen und trockenschütteln. Die Petersilie hacken und die Thymianblättchen von den Stengeln streifen.

Die Butter in einer tiefen Pfanne erhitzen. Zwiebeln, Ingwerpulver, Petersilie und Thymian unter Rühren darin kurz dünsten. Dann die Pilze, Kartoffeln und Tomaten zufügen, mit Salz und Curry würzen. Alles gut vermischen und bei mittlerer Hitze 10 Minuten garen. Dabei von Zeit zu Zeit das Gemüse wenden.

Den Weißwein angießen. Das Pilzgulasch weitere 10 Minuten schmoren.

Das Basilikum waschen, trockenschütteln und grob hacken. Vor dem Servieren unter das Pilzgulasch mischen und das Gulasch noch einmal abschmecken.

Nährwerte pro Portion
Kilokalorien 160, Kilojoule 670, Eiweiß/g 6, Kohlenhydrate/g 16, Fett/g 7, Ballaststoffe/g 6,6

Jägerschnitzel

einfach, Blitzrezept
4 Portionen

- 4 Kalbsschnitzel, je 150 g
- Salz
- frisch gemahlener Pfeffer
- 100 g Sellerieknolle
- 1 Möhre
- 1 Zwiebel
- 1 Knoblauchzehe
- 200 g Champignons oder andere Pilze
- 80 g Butter
- 1/8 l Weißwein
- 1/8 l Brühe
- 1 EL Tomatenmark
- 1 TL Senf oder Kapern
- 1 EL gehackte Petersilie

Das Fleisch waschen und mit Küchenpapier trockentupfen. Leicht mit Salz und Pfeffer einreiben, abdecken und beiseite stellen.

Das Gemüse waschen, putzen und raspeln. Zwiebel und Knoblauchzehe abziehen und fein hacken. Die Pilze waschen, putzen und ganz lassen. Sollten Sie andere Pilze verwenden, diese in Scheiben schneiden.

In einem mittleren Topf die Zwiebel, den Knoblauch, die Pilze und das Gemüse in der Hälfte der Butter 10 Minuten dünsten. Inzwischen in einer Pfanne die andere Hälfte der Butter erhitzen und die Schnitzel darin 10 Minuten sehr sanft braten. Anschließend herausnehmen und kurz warm stellen.

Den Bratenfond mit Wein und Brühe ablöschen, Tomatenmark zugeben, salzen und pfeffern. Gut umrühren und den Senf (oder die Kapern) zufügen. Das Gemüse einrühren, die Schnitzel noch einige Minuten in der Sauce ziehen, aber nicht kochen lassen.

Die Schnitzel mit der Sauce auf einer angewärmten Platte anrichten, obenauf die Champignons dekorieren und mit Petersilie überstreuen.

Nährwerte pro Portion
Kilokalorien 450, Kilojoule 1900, Eiweiß/g 36, Kohlenhydrate/g 18, Fett/g 19, Ballaststoffe/g 6,0

Geschnetzelte Putenbrust mit Pfifferlingen

einfach, Blitzrezept
4 Portionen

- 500 g Putenbrust
- 2 EL Butter
- 1 Zwiebel
- 250 g Pfifferlinge
- Salz
- frisch gemahlener Pfeffer
- 1/8 l Weißwein
- 250 g Schmant
- 150 g Schlagsahne
- 1 Prise Zucker
- 2 TL Dijonsenf
- 2-3 Zweige frischer Estragon

Die Putenbrust der Länge nach halbieren und quer zur Faser in feine Streifen schneiden. Die Butter in einer großen Pfanne zerlassen und das Fleisch darin goldbraun anbraten.

Die Zwiebel abziehen und fein hacken.

Die Pilze putzen, in einem Sieb duschen und abtropfen lassen. Mit der Zwiebel zum Fleisch geben, anbraten, salzen und pfeffern. Nach einigen Minuten mit dem Weißwein ablöschen. Schmant und Sahne dazugeben und so lange kochen lassen, bis die Sauce cremig ist. Mit Senf, Zucker, Salz und Pfeffer abschmecken.

Die Estragonblätter fein hacken und vor dem Servieren unter das Geschnetzelte mischen.

Dazu grüne Nudeln oder Rösti reichen.

Nährwerte pro Portion
Kilokalorien 470, Kilojoule 1970, Eiweiß/g 34, Kohlenhydrate/g 6, Fett/g 32, Ballaststoffe/g 1,0

Kalbskotelett mit Steinpilzen und Speck

einfach, Blitzrezept
4 Portionen

- 4 Kalbskoteletts, 2 cm dick
- Salz
- frisch gemahlener Pfeffer
- 3 EL Öl
- 4 frische Steinpilze
- 100 g Frühstücksspeck
- 2 Schalotten
- 2 Knoblauchzehen
- 1/2 Bund frisches Basilikum
- 50 ml Weißwein

Die Kalbskoteletts kurz unter kaltem Wasser abspülen und mit Küchenpapier trockentupfen. Koteletts auf beiden Seiten mit Salz und Pfeffer einreiben, mit etwas Öl bepinseln und kurz durchziehen lassen.

Inzwischen die Steinpilze putzen und grob hacken. Den Frühstücksspeck in schmale Streifen schneiden.

Die Schalotten und die Knoblauchzehen abziehen und fein hacken. Das Basilikum waschen, trockenschütteln und hacken.

Das restliche Öl in einer großen Eisenpfanne erhitzen und die Kalbskoteletts darin auf beiden Seiten je 6 Minuten goldbraun braten. Dann die Koteletts herausheben und warm stellen.

Den Frühstücksspeck in die Pfanne geben und auslassen. Schalotten und Knoblauch zufügen und glasig dünsten. Die Steinpilze zugeben und kurz anbraten. Mit dem Weißwein ablöschen, das Basilikum unterrühren und mit Salz und Pfeffer würzen. Bei kleiner Hitze unter Rühren so lange schmoren, bis die Flüssigkeit fast eingekocht ist.

Die Kalbskoteletts auf vorgewärmten Tellern anrichten, das Steinpilzgemüse darüber verteilen und sofort servieren.

Nährwerte pro Portion
Kilokalorien 440, Kilojoule 1860, Eiweiß/g 33, Kohlenhydrate/g 1, Fett/g 31, Ballaststoffe/g 0,9

Champignonschnitzel

einfach, Blitzrezept
4 Portionen

- 30 g Butter
- 8 kleine Kalbsschnitzel, 650 g
- 1/2 Zwiebel
- 1 Glas Sherry
- 1 gestrichener EL Mehl
- 1/8 l Brühe
- 2 EL Crème fraîche
- 250 g frische Champignons
- Salz
- frisch gemahlener weißer Pfeffer

Die Butter in einer schweren Pfanne stark erhitzen und die Schnitzelchen einlegen. Auf beiden Seiten anbraten, insgesamt 3 Minuten, dann aus der Pfanne heben.

Die Zwiebel abziehen und fein hacken, in der Pfanne andünsten und mit Sherry ablöschen. Den Sherry etwas einkochen lassen und die Pfanne vom Herd nehmen.

Das Mehl einrühren und die Brühe zugießen. Die Pfanne wieder erhitzen und die Sauce unter ständigem Rühren aufkochen, bis sie glatt ist. Die Crème fraîche einrühren.

Die Champignons putzen und blättrig schneiden, mit den Schnitzelchen hineinlegen, salzen und pfeffern. Das Gericht zugedeckt bei schwacher Hitze 4 bis 5 Minuten schmoren. Vor dem Servieren die Sauce noch einmal abschmecken.

Karottenreis dazu reichen.

Nährwerte pro Portion
Kilokalorien 330, Kilojoule 1400, Eiweiß/g 36, Kohlenhydrate/g 4, Fett/g 17, Ballaststoffe/g 1,5

Tip

Die Trüffel schälen und die Schalen hacken. In etwas Kalbsfond auskochen und diesen Sud zum Aromatisieren von Saucen verwenden.

Kalbsfilet mit Kartoffelkruste und Trüffel

einfach
4 Portionen

Sahnesauce
- 2 Schalotten
- 1/2 EL Butter
- 200 ml Weißwein
- 200 ml Kalbsfond
- 200 g Schlagsahne
- Salz
- frisch gemahlener weißer Pfeffer
- 2 EL Sherry

- 500 g Kartoffeln
- 2 Eigelb
- 1-2 schwarze Trüffeln, ca. 80 g
- 800 g Kalbsfilet aus der Mitte
- 3 EL Öl
- 2 EL Butter

Die Schalotten abziehen und sehr fein hacken. Die Butter in einem Topf zerlassen und die Schalotten darin glasig dünsten. Mit Weißwein ablöschen und den Wein bei starker Hitze etwas einkochen lassen. Dann den Kalbsfond und die Schlagsahne angießen und die Sauce bei mittlerer Hitze um 1/3 einkochen. Mit Salz und Pfeffer würzen und mit Sherry abschmecken. Die Sauce durch ein Sieb streichen und abgedeckt zur Seite stellen. Erst vor dem Anrichten wieder aufwärmen.

Die Kartoffeln schälen, waschen und fein reiben. Die Masse in einem Küchentuch ausdrücken, dann leicht salzen und pfeffern und mit dem verquirlten Eigelb binden.

Die Trüffeln unter fließendem Wasser waschen, evtl. bürsten und wieder trocknen.

Das Kalbsfilet parieren, trockentupfen und in 12 gleichmäßige Scheiben schneiden. Das Fleisch leicht salzen und pfeffern.

Je 1 Eßlöffel Öl in zwei Pfannen erhitzen. Mit dem dritten Eßlöffel Öl ein Backblech ausstreichen und den Grill im Backofen vorheizen. Die Kalbsfiletscheiben nur von einer Seite und nur einen Augenblick in den Pfannen anbraten. Sofort wieder herausheben und auf das Backblech legen. Die Trüffeln fein hobeln und je 2 Pilzscheiben auf 1 Filetstück legen. Darüber eine dünne Schicht Kartoffelmasse geben und mit Butterflöckchen besetzen. Das Blech auf der mittleren Schiene unter dem Grill in den Backofen schieben und etwa 10 Minuten überbacken, bis die Kartoffelkruste gebräunt und gegart ist.

Dazu passen in Butter geschwenkte, feine Gemüse wie Möhren, Keniabohnen, Spargel oder Zuckerschoten.

Die aufgewärmte Sauce auf 4 vorgewärmte Teller verteilen, je 3 Kalbsfilets daraufsetzen und die restliche Trüffel darüberhobeln.

Sofort servieren.

Nährwerte pro Portion
Kilokalorien 650, Kilojoule 2730, Eiweiß/g 47, Kohlenhydrate/g 19, Fett/g 43, Ballaststoffe/g 5,9

Dazu schmecken in Butter gebratene Scheiben von Semmelknödeln (Reste) oder Bandnudeln.

Kalbsmedaillons mit Pfifferlingen

einfach, Blitzrezept
4 Portionen

- 8 Kalbsmedaillons, aus etwa 800 g Kalbsfilet geschnitten
- Salz
- frisch gemahlener Pfeffer
- 8 dünne Scheiben Frühstücksspeck
- 2 EL Öl
- 10 g Kümmel
- 60 g Butter
- 1 Schalotte
- 2 gestrichene TL Mehl
- 100 ml Weißwein
- 200 ml Brühe
- 200 g Crème double
- 1/2 Bund glatte Petersilie
- 1 Bund Schnittlauch

Pfifferlingsgemüse
- 400 g Pfifferlinge
- 1 Schalotte
- 40 g Butter
- 1/2 Bund glatte Petersilie
- Salz
- frisch gemahlener Pfeffer

Die Medaillons parieren, salzen, pfeffern und mit je 1 Scheibe Frühstücksspeck umwickeln. Die Enden mit 1/2 Zahnstocher feststecken.

Das Öl in einer beschichteten Pfanne erhitzen und das Fleisch darin von beiden Seiten anbraten. Den Kümmel im Mörser zerstoßen und mit der Butter in die Pfanne geben. Die Hitze zurückschalten und die Medaillons 7 Minuten braten. Das Fleisch möglichst oft mit der Kümmelbutter beschöpfen. Dann die Medaillons aus der Pfanne heben und warm halten.

Die Schalotte abziehen, sehr fein hacken und im Bratfett glasig dünsten. Das Mehl darüberstäuben und hell anschwitzen. Unter ständigem Rühren den Weißwein angießen und einmal aufkochen, dann Brühe und Crème double einrühren. Die Sauce bei starker Hitze 5 Minuten kochen. Mit Salz und Pfeffer abschmecken.

Die Kräuter waschen, trockenschütteln, fein hacken und in die Sauce rühren.

Die Pfifferlinge verlesen, kurz abbrausen und auf einem Küchentuch trocknen und putzen. Große Pilze halbieren oder vierteln. Die Schalotte abziehen und fein hacken. Die Butter in einem Topf schmelzen, die Schalotte darin glasig dünsten und die Pfifferlinge zugeben. Die Pilze bei guter Mittelhitze 5 Minuten braten. Die Petersilie waschen, trockenschütteln und die Blätter hakken. Die Pfifferlinge mit Salz und Pfeffer abschmecken, die Petersilie zugeben und das Gemüse noch 5 Minuten ziehen lassen.

Beim Warmhalten verlieren die Kalbsmedaillons etwas Saft. Diesen Fleischsaft in die Sauce rühren, die Medaillons einlegen und kurz erhitzen.

Je 2 Medaillons mit der Sauce und dem Pilzgemüse auf vorgewärmten Tellern servieren.

Nährwerte pro Portion
Kilokalorien 800, Kilojoule 3350, Eiweiß/g 51, Kohlenhydrate/g 7, Fett/g 58, Ballaststoffe/g 2,2

Waldpilzgemüse zu Kalbsfilet

einfach, zum Einfrieren
4 Portionen

- 600 g gemischte Waldpilze
- 3 Schalotten
- 2 Knoblauchzehen
- 1 Bund glatte Petersilie
- 2 EL Butter
- 1 TL gehackter, frischer Liebstöckel
- 1/8 l Weißwein
- 100 ml Brühe
- Salz
- frisch gemahlener schwarzer Pfeffer

- 8 Tournedos aus dem Kalbsfilet, à 100 g
- 2 EL Butterschmalz
- 4 cl Cognac

Die Pilze putzen. Nur große Pilze in dicke Scheiben schneiden, kleinere Pilze höchstens halbieren.

Die Schalotten und den Knoblauch abziehen und fein hacken. Die Petersilie waschen, trockenschütteln und die Blätter fein hacken. Die Butter in einem weiten Topf oder in einer Pfanne zerlassen und Schalotten und Knoblauch darin glasig dünsten. Dann die Pilze zugeben und unter Rühren rundherum kurz anbraten. Die Kräuter einstreuen, Wein und Brühe angießen und das Pilzgemüse leicht salzen und pfeffern. Die Pilze bei Mittelhitze etwa 10 Minuten garen, dann mit Salz und Pfeffer abschmecken.

Jedes Tournedos in der Mitte mit Küchengarn binden, damit es hoch bleibt. Mit Salz und frisch gemahlenem Pfeffer einreiben. Das Butterschmalz in einer großen Pfanne aufschäumen lassen, die Kalbsfilets auf jeder Seite scharf anbraten und dann bei Mittelhitze insgesamt 6 Minuten braten. Den leicht angewärmten Cognac in eine Blechschöpfkelle geben, anzünden und über die Tournedos gießen. Die Pfanne rütteln, damit der Alkohol gut ausbrennt und die Tournedos mit dem Bratensatz überziehen.

Das Pilzgemüse mit je 2 Tournedos auf vorgewärmten Tellern anrichten und dazu in Butter geschwenkte, feine Nudeln servieren.

Nährwerte pro Portion
Kilokalorien 330, Kilojoule 1400, Eiweiß/g 36, Kohlenhydrate/g 4, Fett/g 17, Ballaststoffe/g 1,5

Tip

Für ein solches Mischpilzgemüse eignen sich z. B.: Goldröhrling, Marone, Täubling, Schweinsohr, prächtiger Klumpfuß, Waldchampignon und Pfifferling.

Pilztopf mit Kalbfleisch

einfach
4 Portionen

- 500 g Kalbfleisch aus der Keule
- 100 g geräucherter Schweinebauch
- 600 g gemischte Waldpilze oder je 200 g von 3 verschiedenen Pilzsorten, z. B.: Shiitake, braune Egerlinge, Pfifferlinge
- 2 Zwiebeln
- 1 Knoblauchzehe
- 500 g vorwiegend festkochende Kartoffeln
- 2 EL Butterschmalz
- 1/8 l Weißwein
- Salz
- frisch gemahlener schwarzer Pfeffer
- 1 TL getrockneter Thymian
- 400 ml Kalbsfond
- 300 g Schlagsahne
- 2 Eigelb
- 1 Bund glatte Petersilie

Das Kalbfleisch in Würfel von 1 1/2 cm Seitenlänge schneiden und den Schweinebauch klein würfeln.

Die Pilze wenn nötig abbrausen, gut abtropfen lassen und putzen. Dann nur grob zerteilen, kleine Pilze ganz lassen.

Die Zwiebeln und die Knoblauchzehe abziehen und hacken. Die Kartoffeln schälen und würfeln.

In einem weiten Topf 1 Eßlöffel Butterschmalz zerlassen, das Kalbfleisch darin rundherum scharf anbraten und mit einer Schaumkelle wieder herausheben. Den Schweinebauch in den Topf geben, kurz anbraten und dann die Pilze zugeben. Ebenfalls bei starker Hitze mehrfach wenden und dann die Pilze an den Rand schieben. Das restliche Butterschmalz hinzufügen und die Kartoffeln anbraten. Zwiebel und Knoblauch unterheben und die Mischung mehrfach wenden. Dann das Fleisch zugeben und den Eintopf bei starker Hitze mit dem Weißwein ablöschen. Salzen, pfeffern und mit Thymian würzen. Den Kalbsfond und 200 g Schlagsahne zugießen und das Gericht bei halb geschlossenem Topf 30 Minuten köcheln lassen, bzw. bis das Kalbfleisch weich ist.

Die restliche Schlagsahne mit 2 Eigelb verrühren, den Eintopf damit binden und nicht mehr aufkochen. Die Sauce abschmekken. Die Petersilie waschen, trockenschütteln und die Blätter fein hacken. Einen Teil der Petersilie einrühren, den Rest auf das Gericht streuen.

Der Serviettenknödel ist eine attraktive und wohlschmeckende Beilage zu allen Eintopfgerichten mit genügend Sauce.

Nährwerte pro Portion
Kilokalorien 630, Kilojoule 2640, Eiweiß/g 40, Kohlenhydrate/g 19, Fett/g 44, Ballaststoffe/g 14,6

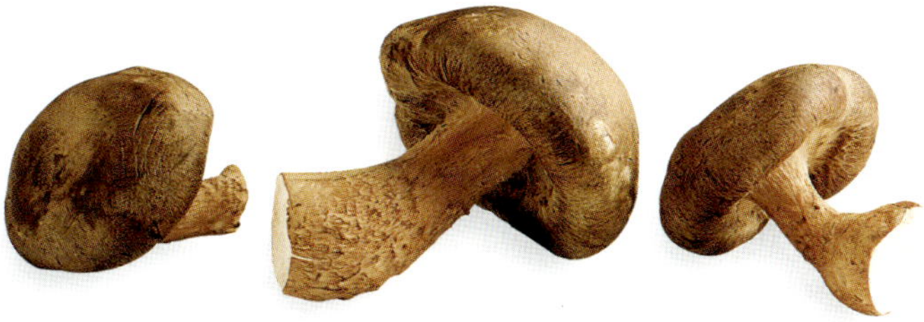

Dazu passen grüne Spätzle und ein Gemüse aus Möhren und weißen Rübchen.

Hirschrückenfilet mit Morchelrahm

einfach, zum Einfrieren
4 Portionen

- 20 g getrocknete Spitzmorcheln
- 2 Schalotten
- 1 EL Butter
- 200 g Schlagsahne
- 800 g Hirschrückenfilet
- Salz
- frisch gemahlener Pfeffer
- 3 EL Öl
- 100 ml Rotwein
- 200 ml Wildfond (Glas)
- 2 TL Speisestärke

Die Morcheln in einer Schüssel mit warmem Wasser bedecken und etwa 30 Minuten einweichen.

Die Schalotten abziehen, sehr fein hakken und in der heißen Butter andünsten.

Die Morcheln abgießen und das Wasser aufheben. Die Morcheln kurz spülen und große Pilze halbieren. Mit den Schalotten kurz dünsten und die Sahne angießen. Die Sauce bei schwacher Hitze köcheln lassen.

Das Hirschrückenfilet mit Küchenpapier abtupfen. Mit Salz, Pfeffer und 1 Eßlöffel Öl einreiben. Das restliche Öl in einer Pfanne erhitzen, das Fleisch kurz anbraten und bei mittlerer Hitze rundherum 10 Minuten braten. Das Fleisch herausheben und im Backofen bei etwa 70 °C warm halten.

Den Bratensatz mit Rotwein ablöschen. Den Wein aufkochen und den Wildfond zugießen. Die Sauce bei starker Hitze kurz durchkochen und durch ein feines Sieb zur Morchelsauce gießen. Die Sauce glatt verrühren und einmal aufkochen.

1/2 Tasse Morchelwasser durch ein Haarsieb gießen, mit der Speisestärke verrühren und die Sauce damit binden.

Das Hirschrückenfilet aus dem Ofen nehmen. Das Filet in fingerdicke Scheiben schneiden und mit der Morchelsauce auf vorgewärmten Tellern anrichten.

Nährwerte pro Portion
Kilokalorien 570, Kilojoule 2370, Eiweiß/g 46, Kohlenhydrate/g 6, Fett/g 36, Ballaststoffe/g 1,7

Hasenrücken mit Pfifferlingen

einfach, Blitzrezept
4 Portionen

- 400 g Pfifferlinge
- 1 Schalotte
- 100 g geräucherter Schweinebauch
- 2 Rückenfilets von 1 Hasen
- Salz
- frisch gemahlener Pfeffer
- 1 TL gemahlener Koriander
- 3 EL Öl
- 1 Bund glatte Petersilie
- 100 ml Rotwein
- 1 Schuß Cognac
- 400 g Schlagsahne
- 1 EL Johannisbeergelee

Die Pfifferlinge kurz abbrausen, auf einem Küchentuch ausbreiten, putzen und große Pilze halbieren oder vierteln. Die Schalotte abziehen und sehr fein würfeln, den Schweinebauch ohne Schwarte und Knorpel in kleine Würfel schneiden.

Die Hasenrückenfilets mit Küchenpapier abtupfen, mit Salz, Pfeffer und Koriander einreiben. 2 Eßlöffel Öl in einer beschichteten Pfanne erhitzen und das Fleisch bei mittlerer Hitze rundherum 7 Minuten braten.

Das restliche Öl in einer Kasserolle erhitzen, Schweinebauch und Schalotte darin kurz dünsten. Die Pfifferlinge zugeben und schwach salzen. Die Petersilie waschen, trockenschütteln und die Blätter fein hacken. Die Pfifferlinge mit der Petersilie mischen und bei schwacher Hitze garen.

Den gebratenen Hasenrücken aus der Pfanne heben und im Backofen bei etwa 70 °C warm halten. Den Bratensatz mit Rotwein und Cognac löschen, einmal aufkochen und dann die Sahne und das Johannisbeergelee einrühren. Die Sauce bei starker Hitze zur gewünschten Konsistenz einkochen lassen.

Die Hasenrückenfilets aus dem Backofen nehmen, die Sauce und die Pfifferlinge abschmecken. Das Fleisch diagonal in fingerdicke Scheiben schneiden und auf vorgewärmten Tellern mit der Sauce und den Pilzen anrichten.

Das Gericht sofort und möglichst heiß servieren.

Dazu passen Bandnudeln und Zuckerschoten.

Nährwerte pro Portion
Kilokalorien 700, Kilojoule 2920, Eiweiß/g 41, Kohlenhydrate/g 8, Fett/g 52, Ballaststoffe/g 1,7

Wildschweinragout mit Pilzen

einfach, braucht Zeit,
zum Einfrieren
4 Portionen

- 500 g Wildschweinfleisch aus der Keule
- 150 g geräucherter Schweinebauch am Stück
- 2 große Möhren
- 200 g Schalotten
- 2 Knoblauchzehen
- 1 Petersilienwurzel
- 1 Stück Sellerieknolle, 100 g
- 2 EL Butterschmalz
- Salz
- frisch gemahlener schwarzer Pfeffer
- 2 Lorbeerblätter
- 1 TL getrockneter Thymian
- 1 TL getrockneter Liebstöckel
- 200 ml Rotwein
- 400 ml Wildfond (Glas) oder Brühe
- je 200 g Pfifferlinge und Champignons

Das Fleisch parieren (von Fett, Haut und Sehnen befreien) und in große Würfel schneiden. Den Schweinebauch ohne Schwarte und Knorpel der Länge nach halbieren und in schmale Streifen schneiden. Die Möhren schälen und in fingerdicke Stücke schneiden. Die Schalotten abziehen, große Zwiebeln halbieren. Den Knoblauch abziehen und grob hacken. Die Petersilienwurzel und den Sellerie schälen und grob hacken.

Das Butterschmalz in einem tiefen Bräter zerlassen, den Schweinebauch darin anbraten und wieder aus dem Fett heben. Das Wildschweinfleisch hineingeben und bei starker Hitze rundherum anbraten. Ebenfalls herausheben. Alle Gemüse in den Bräter geben und kurz anrösten, Wildschweinfleisch und Schweinebauch wieder zugeben. Die Mischung schwach salzen und pfeffern, die Gewürze zugeben, Rotwein und Wildfond angießen. Bei starker Hitze aufkochen, dann den Bräter mit dem Deckel schließen und das Ragout im vorgeheizten Backofen bei 160 °C schmoren.

Die Pfifferlinge und die Champignons kurz abbrausen, auf Küchenpapier trocknen und putzen. Nur große Pilze halbieren.

Nach 1 Stunde Schmorzeit die Pilze unter das Ragout mischen, den Bräter wieder verschließen und das Gericht weitere 30 Minuten schmoren lassen.

Den Bräter öffnen, Temperatur auf 220 °C hochschalten und das Ragout 10 Minuten einkochen lassen. Dann aus dem Ofen nehmen und abschmecken.

Das Wildschweinragout mit in Butter geschwenkten Bandnudeln servieren.

Nährwerte pro Portion
Kilokalorien 310, Kilojoule 1310, Eiweiß/g 25, Kohlenhydrate/g 7, Fett/g 21, Ballaststoffe/g 7,5

…s dem Backofen

Tip

Verwenden Sie besonders aromatische Wildpilze, wie Pfifferling, Steinpilz, Herbsttrompete, Waldchampignon oder Maronenröhrling. Wenn Sie Zuchtpilze verwenden, empfiehlt sich eine Mischung aus weißen Champignons, braunen Egerlingen und Shiitake-Pilzen.

Pilzstrudel

braucht Zeit, zum Einfrieren
Ergibt 2 Strudel á 40 cm Länge

Strudelteig

- 250 g Mehl
- 1 gestrichener TL Salz
- 1/8 l lauwarmes Wasser
- 1 TL Essig
- 1 Ei
- 2 EL Öl
- 125 g Butter zum Bestreichen

Pilzfüllung

- 500 g gemischte Pilze
- 3 Schalotten
- 2 Knoblauchzehen
- 1 Bund glatte Petersilie
- 1 Bund Dill
- 2 EL Butter
- Salz
- frisch gemahlener Pfeffer
- 6 EL Semmelbrösel
- 2 Eier
- 150 g Crème fraîche
- 1 dicke Scheibe Schinken, 100 g

Mehl und Salz sieben und eine Mulde hineindrücken. Lauwarmes Wasser mit Essig, Ei und Öl verquirlen und zugießen. Alle Zutaten vermischen. Der Teig ist zunächst weich und klebrig. Den Teig mit der Hand vom Schüsselrand ziehen und so lange durcharbeiten, bis er sich löst. Dann auf der bemehlten Arbeitsfläche 10 Minuten kneten, dabei kräftig dehnen, falten, pressen und schlagen - je „schlechter" Sie ihn behandeln, desto besser wird er. Wenn der Teig elastisch, glatt und seidig wirkt, eine Kugel formen und mit Öl bestreichen. Eine Schüssel oder einen Topf mit kochendem Wasser ausspülen, trocknen und noch warm über den Teig stülpen. 30 bis 60 Minuten ruhen lassen.

Inzwischen die Pilzfüllung zubereiten: Die Pilze putzen und in gleichmäßige Stükke schneiden. Schalotten und Knoblauch abziehen und fein hacken. Petersilie und Dill waschen, trockenschütteln und die Blätter fein hacken. Die Butter in einer Pfanne zerlassen, Schalotten und Knoblauch darin glasig andünsten und die Pilze zugeben. Salzen, pfeffern und die Pilze bei Mittelhitze wenden, bis der Saft eingeschmort ist. Die Kräuter und 2 Eßlöffel Semmelbrösel einrühren und die Pfanne vom Herd nehmen. Wenn das Pilzgemüse abgekühlt ist, die Eier mit der Crème fraîche verrühren und unter die Pilze ziehen. Mit Salz und Pfeffer abschmecken. Den Schinken fein würfeln und zu den Pilzen geben.

Einen Tisch mit einem Leintuch von ca. 70 x 70 cm vorbereiten. Das Tuch gleichmäßig mit Mehl bestäuben. Den Strudelteig halbieren, eine Hälfte auf das Tuch legen und erst längs, dann in die Breite zu einem Rechteck ausrollen. Zum Ausziehen mit beiden Händen unter den Teig greifen und ihn von der Mitte nach außen über den Handrücken ziehen und dabei vorsichtig dehnen. Ringsum fortfahren, bis der Teig durchsichtig ist. Die dickeren Teigränder mit der Schere abschneiden. Den Teig mit der flüssigen, aber nur lauwarmen Butter bestreichen und eine Hälfte mit 2 Eßlöffeln Semmelbrösel bestreuen.

Die Hälfte der Pilzmasse an den Rand des Teigs auf die Semmelbrösel legen und an den Seiten gut 3 cm frei lassen. Den schmalen Teigrand über die Füllung schlagen und den Strudel durch Anheben des Tuchs zügig zusammenrollen.

Ein Backblech mit Butter bestreichen, den Strudel auf dem Tuch darüberheben und mit der Naht nach unten daraufgleiten lassen. Die Teigenden einschlagen und den Strudel mit Butter bestreichen.

Die zweite Teighälfte ebenso ausziehen, füllen und zusammenrollen. Beide Strudel nebeneinander auf dem Blech in den vorgeheizten Backofen schieben und auf der unteren Schiene, bei 200 °C, 35 bis 40 Minuten backen.

Der Strudel schmeckt warm und kalt. Servieren Sie gemischten Salat dazu.

Nährwerte insgesamt
Kilokalorien 3310, Kilojoule 13850, Eiweiß/g 90, Kohlenhydrate/g 233, Fett/g 226, Ballaststoffe/g 22,9

Salatteller mit Pilzpastetchen

einfach, braucht Zeit
4 Portionen

Pastetchen
- 2 Schalotten
- 1 Knoblauchzehe
- 250 g Champignons
- 1/2 Bund Petersilie
- 1 EL Butter
- 1/2 TL getrockneter Thymian
- Salz
- frisch gemahlener weißer Pfeffer
- 1 Scheibe gekochter Schinken, 60 g
- 1 Ei
- 1 EL Crème fraîche

- 4 Scheiben TK-Blätterteig
- 1 EL Milch

Salat
- 1/2 Kopf Novita oder Lollo
- 1/2 Kopf Frisée
- 1/2 Kopf Eichblattsalat
- 1/2 Bund Rucola oder 50 g Feldsalat
- 4 Cocktailtomaten
- 2 EL Pinienkerne

Vinaigrette
- 2 EL Sherry-Essig
- Salz
- frisch gemahlener weißer Pfeffer
- 1 EL Haselnuß- oder Walnußöl
- 3 EL Olivenöl

Schalotten und Knoblauch abziehen. Die Champignons putzen, die Petersilie waschen und trockenschütteln. Alles fein hacken.

Die Butter in einer Pfanne zerlassen. Das Gemüse mit dem Thymian zugeben, schwach salzen und pfeffern und unter Rühren so lange dünsten, bis alle Garflüssigkeit verdunstet ist. Vom Herd nehmen und abkühlen lassen.

Den Schinken fein würfeln, das Ei trennen und das Eigelb aufheben. Schinken, Eiweiß und Crème fraîche in die Pilzmasse rühren und in den Kühlschrank stellen.

Die Blätterteigscheiben auftauen lassen. In der Mitte halbieren und jede Platte nur so weit ausrollen, daß sie quadratisch wird. Die Ränder mit wenig Wasser bestreichen und in die Mitte jeder Teigplatte einen gehäuften Teelöffel Pilzmasse geben. Die Teigplatten über der Füllung zu einem Dreieck zusammenlegen. Die Ränder erst mit dem Finger, dann mit Gabelzinken fest aufeinanderdrücken. Die Pastetchen auf ein kalt gespültes Backblech legen. Das Eigelb mit der Milch verrühren und die Pastetchen damit bestreichen.

Die Pastetchen im vorgeheizten Backofen bei 220 °C 12 bis 15 Minuten backen und warm zum Salat servieren.

Die Salatsorten verlesen, waschen und trockenschütteln. Dann mundgerecht zerzupfen. Die Cocktailtomaten halbieren und salzen. Die Pinienkerne in einer trockenen, heißen Pfanne goldbraun rösten.

Für die Vinaigrette den Essig mit Salz und Pfeffer verrühren und die Ölsorten unterschlagen. Die Blattsalate durch die Vinaigrette ziehen und auf 4 Tellern anrichten. Mit den Pinienkernen bestreuen, mit den Tomaten garnieren und je 2 warme Pastetchen dazulegen.

Nährwerte pro Portion
Kilokalorien 510, Kilojoule 2120, Eiweiß/g 12, Kohlenhydrate/g 23, Fett/g 38, Ballaststoffe/g 3,9

Pilzpirogge

Reis und Eier vorher kochen.

braucht Zeit, zum Einfrieren
4 Portionen

- 300 g TK-Blätterteig im Block
- 300 g frische Pilze (gemischte Waldpilze oder braune Egerlinge)
- 1 kleine Zwiebel
- 2 EL Butter
- 1 Bund Dill
- 1 hartgekochtes Ei
- 4 EL gekochter Reis
- Salz
- frisch gemahlener weißer Pfeffer
- 3 EL Schlagsahne
- 1 Ei

Den Blätterteig nach Packungsvorschrift auftauen.

Die Pilze putzen, unter fließendem Wasser waschen, abtropfen lassen und fein hakken. Die Zwiebel abziehen und ebenfalls fein hacken. Die Butter in einer großen Pfanne zerlassen und Pilze und Zwiebeln so lange darin braten, bis alle Flüssigkeit verdampft ist. Dabei gelegentlich umrühren.

Den Dill waschen, trockenschütteln und hacken. Das harte Ei grob hacken. Gekochten Reis, Dill, Ei, Salz, Pfeffer und 2 Eßlöffel Sahne unter die Pilzmasse rühren. Die Füllung abschmecken und vom Herd nehmen.

Den Blätterteig zu einem Quadrat von 35 cm Seitenlänge ausrollen. Die Pilzfüllung in der Mitte zu einem Laib von 25 cm Länge formen. Den Teig links und rechts seitlich der Füllung mit dem Teigrädchen schräg in Streifen schneiden. Die 5 cm an den Enden des Laibs über die Füllung schlagen. Die Streifen abwechselnd so über die Füllung legen, daß die Pirogge wie geflochten wirkt.

Das Ei mit der restlichen Sahne verquirlen.

Das Backblech mit etwas Wasser anfeuchten. Die Pirogge darauflegen und die Eiersahne mit dem Teigpinsel aufstreichen.

Im vorgeheizten Backofen bei 250 °C auf der mittleren Schiene 15 bis 20 Minuten backen. Herausnehmen und etwas abkühlen lassen. Die Pirogge vom Blech heben und warm servieren.

Dazu Salat und evtl. Tomatensauce reichen.

Nährwerte pro Portion
Kilokalorien 510, Kilojoule 2130, Eiweiß/g 9, Kohlenhydrate/g 32, Fett/g 36, Ballaststoffe/g 3,0

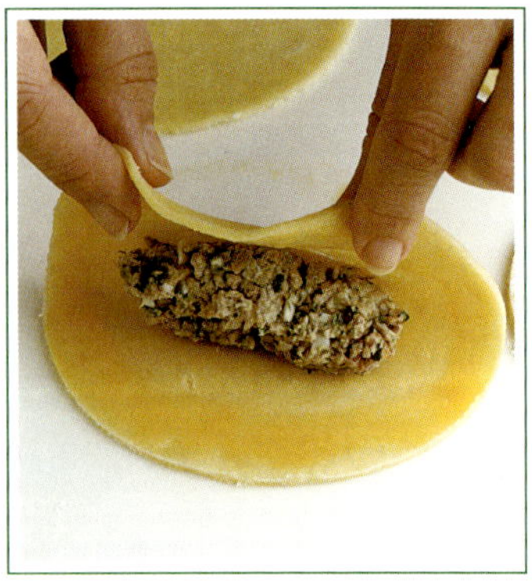

Piroschki sind eine russische Spezialität und schmecken zum Aperitif oder zwischendurch. Piroschki lassen sich gut vorbereiten, d. h. am Vortag entweder nur den Hefeteig machen oder die Piroschki fertigstellen und vor dem Servieren wieder aufbacken.

Piroschki

braucht Zeit, zum Einfrieren
6 Portionen

Hefeteig
- 400 g Mehl
- 30 g Hefe
- 3 Eigelb
- 150 g Butter
- je 1 Prise Salz und Zucker
- 1/8 l Milch
- Mehl zum Verarbeiten

Füllung
- 250 g Champignons
- 100 g Butter
- 200 g Hackfleisch
- 2 Bund Frühlingszwiebeln
- je 1 Bund glatte Petersilie und Dill
- 150 g saure Sahne
- Salz
- frisch gemahlener Pfeffer

Zum Bestreichen
- 1 Eigelb
- 1 EL Sahne

Für den Hefeteig die Hälfte des Mehls in eine Schüssel sieben. Die Hefe in etwas lauwarmem Wasser auflösen, zum Mehl geben und mit einem Löffel alles gut verrühren. Die Schüssel mit einem Tuch zudecken und den Vorteig an einem warmen Ort 30 Minuten gehen lassen.

Eigelb mit Butter schaumig schlagen, mit Salz und Zucker würzen und unter den Vorteig rühren. Die Milch zugießen und alles zu einem glatten Teig verarbeiten. Das restliche Mehl darübersieben, untermischen und den Teig nun auf eine bemehlte Arbeitsfläche legen. Den Hefeteig so lange heftig kneten, bis er nicht mehr klebt - evtl. noch etwas Wasser oder Mehl zugeben.

Den Teigkloß wieder in die bemehlte Schüssel legen, zudecken und an einem warmen Ort 1 1/2 bis 2 Stunden aufgehen lassen.

Für die Füllung die Champignons putzen, waschen, trocknen und blättrig schneiden.

Die Butter in einer weiten Pfanne zerlassen und erst die Pilze und dann das Hackfleisch darin dünsten.

Die Frühlingszwiebeln putzen und den weißen Teil sehr fein hacken. Petersilie und Dill waschen, trockenschleudern, von den Stengeln zupfen und ebenfalls fein hacken.

Frühlingszwiebeln und Kräuter zu der Pilz-Hackfleischmasse in die Pfanne geben, die saure Sahne einrühren und mit Salz und Pfeffer würzen. Die Mischung soll geschmeidig, aber ziemlich fest sein.

Den aufgegangenen Hefeteig auf der bemehlten Arbeitsfläche noch einmal kräftig durchkneten und möglichst dünn ausrollen.

Aus dem Teig runde Fladen von 8-12 cm Durchmesser stechen. Einen Löffel Füllung jeweils in die Mitte setzen.

Eigelb und Sahne verrühren und die Ränder der Teigfladen damit dünn bestreichen. Den Teig über der Füllung zu einem Halbkreis zusammenklappen und die Ränder mit den Zinken einer Gabel fest andrücken. Die Piroschki mit der Eimischung bestreichen und im vorgeheizten Backofen bei 180 °C etwa 30 Minuten backen (Garprobe an einem Gebäckstück!).

Nährwerte pro Portion
Kilokalorien 710, Kilojoule 2990, Eiweiß/g 15, Kohlenhydrate/g 57, Fett/g 44, Ballaststoffe/g 4,3

Pilzkuchen

einfach, braucht Zeit, zum Einfrieren
Ergibt einen Kuchen
von 24 cm Durchmesser

- 125 g Mehl
- Salz
- 10 g Hefe
- 20 g Butter
- 3 Eier

Pilzfüllung

- 600 g gemischte Pilze, z. B. 300 g braune Egerlinge, 200 g Pfifferlinge, 100 g frische Shiitake
- 1 große Zwiebel
- 1-2 Knoblauchzehen
- 100 g geräucherter Schweinebauch
- frisch gemahlener schwarzer Pfeffer
- 1 Messerspitze gemahlener Kümmel
- 1 Bund glatte Petersilie
- 200 g Schmant

Für den Hefeteig das Mehl und 1 gestrichenen Teelöffel Salz in eine große Schüssel sieben und eine Mulde hineindrücken. Die zerbröckelte Hefe in etwas lauwarmen Wasser auflösen und in die Mulde gießen. Mit Mehl bestäuben und diesen Vorteig zugedeckt bei guter Raumtemperatur 15 bis 20 Minuten gehen lassen. Die geschmolzene, abgekühlte Butter mit 1 Ei verrühren und zugießen. Mit dem Handrührgerät den Teig kräftig schlagen, bis er sich vom Schüsselrand löst. Den Teig zu einer Kugel formen, in eine vorgewärmte Schüssel legen und 1 Stunde gehen lassen. Dabei soll sich sein Volumen verdoppeln.

Inzwischen das Pilzgemüse zubereiten: Die Pilze kurz abbrausen, auf Küchenpapier trocknen, putzen und in Scheiben schneiden.

Die Zwiebel und den Knoblauch abziehen und fein hacken. Den Schweinebauch fein würfeln und den Speck in einer Pfanne bei mittlerer Hitze ausbraten. Die Zwiebeln im Speckfett andünsten und die Pilze zugeben. Mit Salz, Pfeffer und Kümmel abschmecken und das Gemüse wenden, bis der Saft eingeschmort ist, dann auskühlen lassen.

Die Petersilie waschen, trockenschütteln und fein hacken. 2 Eier mit dem Schmant verrühren, leicht salzen und pfeffern und mit der Petersilie unter die Pilzmasse heben.

Den Hefeteig zu einer runden Platte von etwa 28 cm Durchmesser ausrollen und in eine Springform mit 24 cm Durchmesser legen. Den Rand rundherum leicht andrükken. Die Pilzmasse in den Teigboden füllen und die Form in den vorgeheizten Backofen auf die mittlere Schiene stellen. Bei 175 °C in etwa 45 Minuten goldbraun backen.

Den Pilzkuchen lauwarm servieren. Reste kann man im Backofen wieder aufwärmen. Dazu schmeckt junger Wein.

Nährwerte insgesamt
Kilokalorien 1600, Kilojoule 6680, Eiweiß/g 72, Kohlenhydrate/g 103, Fett/g 100, Ballaststoffe/g 23,5

Tarte Bordelaise

einfach, braucht Zeit
6 Portionen

Mürbteig

- 150 g Mehl
- 100 g kalte Butter
- 1 Prise Salz
- 1 Prise Zucker
- 1 kleines Eigelb
- Mehl für die Arbeitsfläche
- Butter für die Form
- 1 kg getrocknete Hülsenfrüchte zum Blindbacken

Füllung

- 2-3 Markknochen
- 2 Schalotten
- 1/8 l Rotwein
- 1/2 TL Thymian
- frisch gemahlener Pfeffer
- 1 Päckchen Bratensauce (Fertigprodukt)
- 300 g gekochter Schinken
- Salz
- 300 g frische Steinpilze
- 75 g Butter
- 3 EL Semmelbrösel
- 1 Bund Petersilie

Für den Mürbteig das Mehl auf die Arbeitsfläche sieben und in die Mitte eine weite Mulde drücken. Die kalte Butter in Flöckchen, Salz, Zucker und das Eigelb zugeben. Mit den Fingerspitzen die Zutaten in der Mitte verarbeiten und von außen rasch das Mehl einarbeiten. Den Teig kneten, bis er geschmeidig ist, zu einer Kugel formen und in Klarsichtfolie wickeln. Mindestens 30 Minuten im Kühlschrank ruhen lassen.

Den Teig danach auf der bemehlten Arbeitsfläche ausrollen. Die Teigplatte soll etwas größer als die Tarteform sein. Den Teig über die Rolle legen und über der ungefetteten, trockenen Form wieder abrollen. Aus einem Rest eine kleine Teigquaste formen, in Mehl tauchen und damit den Teig innen am Rand entlang andrücken. So vermeiden Sie, den Teig mit den Fingern einzureißen.

Dann mit der Rolle einmal kräftig über den Rand der Form fahren, um den überstehenden Teig gleichmäßig abzudrücken.

Den Boden mehrmals einstechen und mit passendem Backtrennpapier oder mit Alufolie auslegen. Die Hülsenfrüchte (Linsen oder Erbsen, mindestens 500 g) einfüllen, damit sich der Boden beim Backen nicht hebt. Den Gitterrost auf den Boden des vorgeheizten Backofens legen und den Mürbteig bei 200 °C backen.

Nach 15 Minuten blindbacken das Papier mit den Linsen abnehmen und den Boden weitere 5 Minuten durchbacken.

Die Markknochen etwa 2 Minuten in den heißen Backofen stellen, bis das Mark an den Rändern zu schmelzen beginnt. Das Mark mit dem Daumen herausdrücken und in kleine Würfel schneiden.

Die Schalotten abziehen und fein hacken. In einer kleinen Kasserolle den Rotwein mit den Schalotten, Thymian und Pfeffer etwa 10 Minuten kochen, bis nur noch ein Drittel der Flüssigkeit übrig ist.

1/4 Liter Bratensauce nach Packungsanleitung zubereiten und zur Rotweinsauce geben. Die Sauce 5 Minuten kochen lassen.

Den Schinken fein würfeln, mit den Markwürfeln in die Sauce geben, mit Salz und Pfeffer abschmecken und vom Herd nehmen.

Die Steinpilze putzen und in dünne Scheiben schneiden. Kurz in 1 Eßlöffel Butter dünsten.

Zuerst die Schinkenmischung auf den Tarteboden füllen, darauf die gedünsteten Steinpilze legen und mit den Semmelbröseln bestreuen. Die restliche Butter in Flöckchen daraufsetzen. Im vorgeheizten Backofen bei 200 °C auf der unteren Schiene etwa 30 Minuten backen.

Die Petersilie waschen, trockenschütteln und hacken. Die fertige Tarte mit Petersilie bestreuen und heiß in der Form servieren.

Nährwerte pro Portion
Kilokalorien 510, Kilojoule 2150, Eiweiß/g 17, Kohlenhydrate/g 27, Fett/g 35, Ballaststoffe/g 2,2

Kartoffel-Pilzgratin

einfach, braucht Zeit
2 Portionen

- 400 g Kartoffeln
- 250 g frische Shiitake-Pilze oder braune Egerlinge
- Fett für die Form
- 125 g Schlagsahne
- Salz
- frisch gemahlener weißer Pfeffer
- 2 Wacholderbeeren
- 2 TL trockener Sherry
- 60 g Crème fraîche
- 1 Handvoll Kerbel

Die Kartoffeln schälen, waschen und in dünne Scheiben hobeln. Die Pilze putzen, abreiben und ebenfalls in Scheiben schneiden. Beides dachziegelförmig in eine gefettete Gratinform schichten.

Die Sahne steif schlagen, mit Salz, Pfeffer, fein zerdrückten Wacholderbeeren und Sherry würzen. Die Crème fraîche einrühren. Über die Kartoffeln verteilen, dazwischen die Kerbelblättchen einstreuen. Auf der mittleren Schiene im Backofen bei 200 °C etwa 45 Minuten garen. Eventuell mit gefetteter Alufolie abdecken, wenn das Gratin zu dunkel wird.

Als sättigende Vorspeise oder als Beilage zu Fleischgerichten servieren. Frischer Blattsalat paßt dazu.

Nährwerte pro Portion
Kilokalorien 500, Kilojoule 2100, Eiweiß/g 9, Kohlenhydrate/g 31, Fett/g 36, Ballaststoffe/g 7,0

Kartoffelgratin mit weißer Trüffel

einfach, Blitzrezept
2 Portionen

- 2 große Kartoffeln
- Öl
- 1 EL Butter
- Salz
- 20 g frische weiße Trüffel

Die Kartoffeln schälen, waschen und in Scheiben hobeln.

Zwei feuerfeste Teller mit Öl bestreichen und die Kartoffelscheiben leicht überlappend auslegen. Die Butter in kleinen Flöckchen auf den Kartoffeln verteilen und etwas Salz darüberstreuen.

Die Teller auf die mittlere Schiene unter den vorgeheizten Grill im Backofen stellen oder bei 275 °C und Oberhitze ca. 7 Minuten backen. Die Kartoffelscheiben dürfen an den Rändern etwas Farbe annehmen, aber nicht zu knusprig werden.

Die Kartoffelgratins aus dem Ofen nehmen und die Trüffel dünn darüberhobeln.

Sofort servieren.

Nährwerte pro Portion
Kilokalorien 290, Kilojoule 1230, Eiweiß/g 6, Kohlenhydrate/g 43, Fett/g 9, Ballaststoffe/g 7,6

Kartoffelauflauf mit Egerlingen

einfach
4 Portionen

- 1 kg Kartoffeln
- Salz
- 400 g braune Egerlinge
- Butter für die Auflaufform
- 1 EL frische Rosmarinnadeln
- 1 EL geschälte Sonnenblumenkerne
- 1/4 l Milch
- 2 Eier
- 150 g geriebener Käse
- 1 Messerspitze geriebene Muskatnuß
- frisch gemahlener Pfeffer

Die Kartoffeln waschen, schälen und in sehr feine Scheiben schneiden.

In kochendem Salzwasser 2 Minuten blanchieren und abschütten.

Die Pilze putzen, unter fließendem Wasser waschen, mit Küchenpapier trockentupfen und in Scheibchen schneiden.

Eine Auflaufform ausbuttern und die Hälfte der Kartoffelscheiben hineinschichten. Pilze, Rosmarinnadeln und Sonnenblumenkerne darüber verteilen und die restlichen Kartoffeln daraufgeben.

Milch mit Eiern und Käse verrühren, mit Muskat, Salz und Pfeffer würzen. Über den Auflauf gießen.

Die Auflaufform mit Alufolie abdecken. Im vorgeheizten Backofen auf der mittleren Schiene bei 200 °C ca. 20 Minuten backen. Die Alufolie entfernen und weitere 10 Minuten bei gleicher Hitze gratinieren.

Ein vollwertiges Gericht, zu dem gemischter Salat oder eine Rohkostplatte paßt.

Nährwerte pro Portion
Kilokalorien 490, Kilojoule 2070, Eiweiß/g 23, Kohlenhydrate/g 53, Fett/g 18, Ballaststoffe/g 6,9

Kartoffelauflauf mit Waldpilzen

einfach
4 Portionen

- 800 g Kartoffeln
- Salz
- 400 g Waldpilze (z. B. Parasol, Steinpilz, Maronen, Perlpilz oder Täubling)
- 4 Eier
- 1 große Zwiebel
- 1 EL Öl
- 1 Knoblauchzehe
- Salz
- frisch gemahlener Pfeffer
- 20 g Butter
- 250 g saure Sahne
- 1 Eigelb
- 1 Bund Petersilie

Pellkartoffeln in Salzwasser kochen, noch warm schälen, abkühlen lassen und in Scheiben schneiden.

Die Pilze waschen, putzen und in Scheiben schneiden. Die Eier hart kochen, die Zwiebel abziehen und wie die Eier in feine Scheiben schneiden. In einem Topf das Öl erhitzen und die Pilze darin 5 Minuten dünsten.

Den Knoblauch abziehen und zu den Pilzen pressen. Das Gemüse leicht salzen und pfeffern.

Eine feuerfeste Form mit Butter fetten, zuunterst eine Schicht Kartoffelscheiben legen, darauf eine Schicht Eischeiben, dann etwas von den Pilzen darübergeben, dazu ein paar Zwiebelringe, nun wieder eine Schicht Kartoffeln und so fortfahren, bis alle Zutaten verbraucht sind. Zuoberst kommt eine Kartoffelschicht. Die saure Sahne mit dem Eigelb und einer Prise Salz verrühren.

Die Petersilie waschen, hacken, der Eisahne zugeben und über die geschichteten Kartoffeln gießen. Im vorgeheizten Backofen bei 220 °C in 40 Minuten schön braun backen.

In der Form servieren und gemischten Salat dazu reichen.

Nährwerte pro Portion
Kilokalorien 380, Kilojoule 1600, Eiweiß/g 17, Kohlenhydrate/g 33, Fett/g 21, Ballaststoffe/g 8,0

Tip

Als Wildpilze eignen sich neben Steinpilz und Pfifferling, Semmelstoppelpilz, Herbsttrompete, verschiedene Täublinge, Rotkappe und Ziegenlippe.

Wenn Sie Zuchtpilze kaufen, mischen Sie Champignons, Shiitake und Austernpilze.

Pilzauflauf mit Nudeln

einfach, braucht Zeit, zum Einfrieren
6 Portionen

- 500 g gemischte Pilze
- 1 Zwiebel
- 2 Knoblauchzehen
- 1 Bund glatte Petersilie
- 2 EL Butter
- Salz
- frisch gemahlener Pfeffer
- 1 TL getrockneter Thymian

- 100 g Rigatoni oder andere kurze Teigwaren
- 1 dicke Scheibe gekochter Schinken,100 g
- etwas Butter zum Fetten der Form
- 5 Eier
- 400 g Crème fraîche
- frisch geriebene Muskatnuß

Die Pilze putzen und je nach Größe in dicke Scheiben schneiden oder nur halbieren. Zwiebel und Knoblauch abziehen und fein hacken. Die Petersilie waschen, trockenschütteln und die Blätter fein hacken. Die Butter in einer Pfanne zerlassen, Zwiebel und Knoblauch darin glasig andünsten und die Pilze zugeben. Die Petersilie einstreuen, salzen, pfeffern und den Thymian zugeben. Die Pilze bei Mittelhitze wenden, bis der Saft etwas verschmort ist. Die Pfanne vom Herd nehmen.

Die Rigatoni in sprudelndem Salzwasser bißfest kochen, dann abgießen und gut abtropfen lassen.

Den Schinken in kleine Würfel schneiden. Eine große Auflaufform mit Butter ausstreichen.

3 ganze Eier und 2 Eigelb mit der Crème fraîche verrühren und mit Salz, Pfeffer und Muskatnuß abschmecken. Die 2 Eiweiß zu steifem Schnee schlagen.

Das Pilzgemüse mit den Nudeln und dem Schinken vermischt in die Auflaufform geben.

Den Eischnee unter die Eiersahne heben, die Mischung über die Pilze gießen und leicht unterziehen.

Den Auflauf im vorgeheizten Backofen bei 180 °C auf der unteren Schiene 45 bis 50 Minuten backen.

Den Pilzauflauf möglichst heiß in der Form servieren. Dazu schmecken gemischte Blattsalate.

Nährwerte pro Portion
Kilokalorien 390, Kilojoule 1640, Eiweiß/g 15, Kohlenhydrate/g 14, Fett/g 31, Ballaststoffe/g 2,4

Kartoffeln mit gefüllten Pfifferlingen

einfach
4 Portionen

- Fett für die Form

- 500 g möglichst große Pfifferlinge
- 1 Bund glatte Petersilie
- 2 Knoblauchzehen
- 500 g Kartoffeln
- 2 feste Tomaten
- Salz
- frisch gemahlener Pfeffer
- 3 EL Öl

Eine feuerfeste Form fetten.

Die Pilze waschen, putzen und mit Küchenpapier trockentupfen. Die Petersilie waschen, trockenschütteln und von den Stielen zupfen. Den Knoblauch abziehen und zusammen mit den Pilzstielen und der Petersilie hacken. 1 Petersilienstengel zum Dekorieren aufheben.

Die Kartoffeln waschen, schälen, in Scheiben schneiden und die Form damit auslegen. Jede Schicht leicht salzen.

Die Pilzköpfe mit der Lamellenseite nach oben daraufsetzen und mit dem Pilz-Knoblauch-Petersiliengemisch belegen.

Mit je einer Tomatenscheibe bedecken, salzen, pfeffern und mit Öl beträufeln. Im vorgeheizten Backofen bei 180 °C ca. 40 Minuten backen.

Sofort heiß servieren.

Nährwerte pro Portion
Kilokalorien 240, Kilojoule 1010, Eiweiß/g 3, Kohlenhydrate/g 24, Fett/g 12, Ballaststoffe/g 5,0

Steinpilze in Weinblättern

einfach, Blitzrezept
4 Portionen

- 15-20 mittelgroße, frische Weinblätter
- Salz
- 5 EL Olivenöl
- 700 g kleine Steinpilze
- 3 Knoblauchzehen
- frisch gemahlener schwarzer Pfeffer

Die Weinblätter waschen, mit leicht gesalzenem, kochendem Wasser überbrühen und gut abtropfen lassen.

Eine feuerfeste Form mit 1 Eßlöffel Öl einfetten und mit der Hälfte der Weinblätter auslegen.

Die Pilze waschen, putzen, halbieren und in die Form legen.

Die Knoblauchzehen abziehen und durch die Knoblauchpresse drücken. In einer Tasse 4 Eßlöffel Öl, Knoblauch, 1 Prise Salz und Pfeffer vermischen. Dann über die Pilze gießen. Die restlichen Weinblätter darauflegen.

Den Backofen auf 180 °C vorheizen und die Pilze bei geschlossenem Deckel je nach Größe 40 bis 50 Minuten garen.

Die oberen Weinblätter entfernen und die Steinpilze sofort heiß servieren.

Die Weinblätter geben den Pilzen ein besonderes Aroma.

Nährwerte pro Portion
Kilokalorien 120, Kilojoule 490, Eiweiß/g 7, Kohlenhydrate/g 7, Fett/g 7, Ballaststoffe/g 3,0

Gebackene Steinpilze

einfach, Blitzrezept
2 Portionen

- 400 g große Steinpilzkappen (2-4 Stück)
- Olivenöl oder Butter für die Formen und zum Beträufeln
- 1 Bund glatte Petersilie
- 2 Knoblauchzehen
- Salz
- frisch gemahlener schwarzer Pfeffer

Den Backofen auf 200 °C vorheizen. Backpapier auf den Rost im Ofen legen. Die Steinpilze putzen, in den Ofen legen und mehrere Minuten wenden, bis sie heiß sind.

Die Kappen im ganzen oder in dicke Scheiben geschnitten in gefettete, feuerfeste Förmchen legen.

Die Petersilie waschen und trockenschütteln. Den Knoblauch abziehen. Beides fein hacken und über die Pilze streuen. Salzen und pfeffern, mit Öl oder geklärter Butter beträufeln. Etwa 10 Minuten im heißen Backofen garen und sofort servieren.

Nährwerte pro Portion
Kilokalorien 170, Kilojoule 700, Eiweiß/g 6, Kohlenhydrate/g 11, Fett/g 11, Ballaststoffe/g 5,0

Champignons, mit Tatar gefüllt

einfach
4 Portionen

- 16 große, braune Egerlinge
- 1 Schalotte
- 2 Sardellenfilets
- 1/2 Bund glatte Petersilie
- 200 g Tatar
- 1 Ei
- Salz
- frisch gemahlener weißer Pfeffer
- Butter für die Form
- 1 Scheibe Gouda, 80 g
- 3 EL Cognac
- 100 g Schlagsahne

Die Pilze waschen, trockentupfen und die Stiele herausdrehen.

Die Schalotte abziehen.

Die Sardellenfilets unter fließendem Wasser spülen und trockentupfen. Die Petersilie waschen, trockenschütteln und die groben Stiele entfernen. Schalotte, Sardellenfilets und Petersilie sehr fein hacken.

In einer Schüssel das Tatar mit dem Ei und den fein gehackten Zutaten gut vermischen, mit Salz und Pfeffer würzen. Die Pilze mit der Fleischmasse füllen.

Eine feuerfeste Form mit Butter ausstreichen und die Pilze hineinsetzen. Die Käsescheibe in 16 Stücke schneiden und auf die Füllungen drücken.

Die Form in den auf 200 °C vorgeheizten Backofen auf die 2. Schiene von oben stellen. Nach 5 Minuten die Pilze mit dem Cognac beträufeln. Nach weiteren 5 Minuten die Sahne angießen.

Die Pilze noch 15 Minuten backen und sofort in der Form servieren.

Nährwerte pro Portion
Kilokalorien 270, Kilojoule 1120, Eiweiß/g 20, Kohlenhydrate/g 2, Fett/g 15, Ballaststoffe/g 1,4

Gefüllte Champignons

einfach
4 Portionen

- 18 große Champignonköpfe
- 1 Zwiebel
- 2 Knoblauchzehen
- 1 großes Bund glatte Petersilie
- 80 g Butter
- Salz
- frisch gemahlener schwarzer Pfeffer
- 1 TL getrockneter Thymian
- Fett für die Form
- 4 EL Crème fraîche
- etwas Brühe oder Weißwein

Die Pilze putzen und abreiben. Die Stiele herausdrehen und sehr fein würfeln. 2 Pilzköpfe ebenfalls fein würfeln.

Zwiebel und Knoblauch abziehen und fein hacken. Die Petersilie waschen und fein hacken. 2 Eßlöffel Butter in einer Pfanne aufschäumen, Zwiebel und Knoblauch darin glasig dünsten. Die gehackten Pilze einrühren und unter Rühren einige Minuten braten. Dabei nach und nach so viel Butter zugeben, wie die Pilze aufnehmen. Mit Salz, Pfeffer und Kräutern würzen. Bei mittlerer Hitze so lange garen, bis alle Flüssigkeit verdampft ist.

Die Pilzköpfe mit der Mischung füllen und nebeneinander in eine gefettete Gratinform setzen. Mit der Crème fraîche bestreichen. Brühe oder Wein angießen und die Form in den vorgeheizten Backofen stellen. Bei 200 °C etwa 25 Minuten backen.

Nährwerte pro Portion
Kilokalorien 210, Kilojoule 880, Eiweiß/g 5, Kohlenhydrate/g 5, Fett/g 17, Ballaststoffe/g 5,0

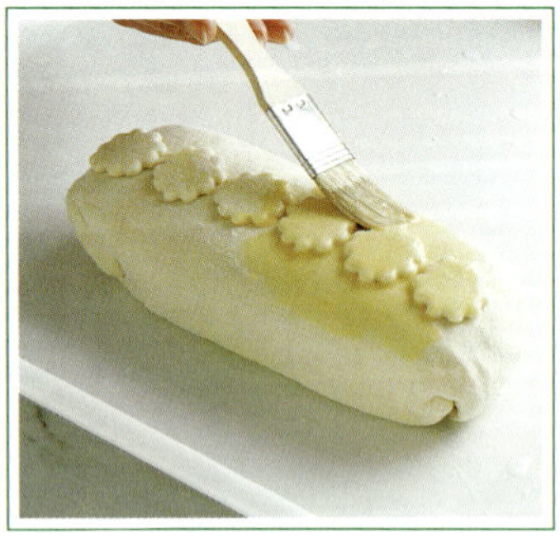

Schweinefilet Wellington

einfach, braucht Zeit
4 Portionen

- 6 Platten tiefgekühlter Blätterteig
- 4 Schalotten
- 2 Knoblauchzehen
- 400 g frische Champignons
- 200 g gekochter Schinken
- 1 kg Schweinefilet
- 2 EL Öl
- 2 EL Butter
- 2 EL Sherry oder Weißwein
- 2 EL Tomatenmark
- 6 EL Fleischbrühe
- Salz
- frisch gemahlener Pfeffer
- 1/2 TL Cayennepfeffer
- 1 TL getrockneter Thymian
- Mehl zum Ausrollen
- 3 EL mittelscharfer Senf
- 2 Eigelb
- 2 EL Milch

Die Blätterteigplatten getrennt auf einem Teller auftauen lassen.

Die Schalotten und den Knoblauch abziehen und fein hacken. Die Champignons abbrausen, putzen und fein würfeln. Den Schinken ebenfalls in kleine Würfel schneiden.

Das Filet von Haut und Sehnen befreien. Das Öl in einer Pfanne erhitzen und das Fleisch darin rundherum scharf anbraten. Aus der Pfanne heben und beiseite stellen.

Butter an den Bratensatz geben und die gehackten Zutaten darin unter Rühren leicht anbraten. Mit dem Sherry ablöschen. Tomatenmark und Brühe einrühren, mit Salz, Pfeffer, Cayennepfeffer und Thymian würzen. Die Sauce einkochen lassen.

Die Ränder der aufgetauten Teigplatten mit Wasser bestreichen, genau aufeinanderlegen und auf bemehlter Arbeitsfläche ausrollen. Die Teigplatte soll groß genug sein, um das Fleisch darin einzuwickeln.

Die Farce als Unterlage für das Fleisch auf dem Teig verteilen, etwa 15 cm breiter als das Fleischstück. Das Filet rundherum mit Senf bestreichen und auf das Farcebett legen. Den Teig mit der Farce darüberschlagen und die Nahtstellen festdrücken. Mit der Naht nach unten auf ein feuchtes Backblech setzen.

Eventuell aus Teigresten kleine Rosetten ausstechen und mit etwas Wasser bestrichen daraufsetzen. Eigelb und Milch verquirlen und den Teig damit bestreichen.

Das Blech in den auf 200 °C vorgeheizten Backofen auf die untere Schiene schieben. In 40 Minuten knusprig backen. Vor dem Anschneiden 5 Minuten ruhen lassen.

Nährwerte pro Portion
Kilokalorien 1040, Kilojoule 4330, Eiweiß/g 70, Kohlenhydrate/g 31, Fett/g 63, Ballaststoffe/g 3,9

Überraschungs-hackbraten

einfach, braucht Zeit, zum Einfrieren
6 Portionen

- 200 g gemischte Pilze, z. B. Champignon, Shiitake und Pfifferling
- 1 Schalotte
- 1 Knoblauchzehe
- 1 Bund glatte Petersilie
- 1 EL Butter
- Salz
- frisch gemahlener Pfeffer
- 4 EL Semmelbrösel
- 1 Eigelb
- 1 EL Crème fraîche

- 800 g gemischtes Hackfleisch
- 2 Eier

- 1 Zwiebel
- 2 Knoblauchzehen
- 1 EL Senf
- 1 EL Tomatenketchup
- 1/2 TL Chilipulver
- 1 TL getrockneter Thymian
- 1 TL getrockneter Liebstöckel
- 2 EL Öl
- 200 ml Brühe
- 100 ml Weißwein
- 200 g Schlagsahne

Die Pilze putzen und in Scheiben schneiden. Schalotte und Knoblauch abziehen und fein hacken. Die Petersilie waschen, trockenschütteln und die Blätter fein hacken. Die Butter in einer Pfanne zerlassen, Schalotte und Knoblauchzehe darin glasig andünsten und die Pilze zugeben. Die Hälfte der gehackten Petersilie einstreuen, salzen, pfeffern und die Pilze bei Mittelhitze wenden, bis der Saft verschmort ist. Die Pfanne vom Herd nehmen. 1 Eßlöffel Semmelbrösel, das Eigelb und die Crème fraîche einrühren.

In das Hackfleisch 2 Eigelb und 1 Eiweiß mischen, 1 Eiweiß zum Bestreichen zurückhalten. Die Zwiebel und die Knoblauchzehen abziehen, fein hacken und zum Fleisch geben. Senf, Tomatenketchup, Chilipulver, Thymian, Lieblstöckel, die restliche Petersilie und 3 Eßlöffel Semmelbrösel mit dem Fleischteig verkneten und mit Salz und Pfeffer abschmecken.

Den Backofen auf 175 °C vorheizen. Die Fettpfanne mit 2 Eßlöffel Öl ausstreichen und die Hälfte der Hackfleischmischung darauf zu einem langen Oval formen. In der Mitte der Länge nach eine Vertiefung drücken und die Pilzmasse einfüllen. Den restlichen Fleischteig daraufgeben und den Hackbraten gleichmäßig formen. Das restliche Eiweiß mit einer Gabel leicht schlagen und den Laib damit bestreichen.

Das Blech mit dem Braten auf der unteren Schiene in den vorgeheizten Backofen schieben und 15 Minuten anbraten. Dann die Brühe angießen und den Hackbraten bei 175 °C insgesamt 1 1/2 Stunden braten.

Den fertigen Hackbraten herausnehmen, den Backofen ausschalten, den Braten auf eine Platte setzen und zum Warmhalten wieder in den Backofen stellen. Den Bratensatz in der Fettpfanne mit dem Weißwein losrühren und durch ein Sieb in einen Topf passieren. Die Schlagsahne angießen und die Sauce kurz einkochen lassen.

Nährwerte pro Portion
Kilokalorien 820, Kilojoule 3460, Eiweiß/g 46, Kohlenhydrate/g 13, Fett/g 67, Ballaststoffe/g 2,0

Den Hackbraten zum Servieren in dicke Scheiben aufschneiden und mit der Sauce servieren. Dazu passen Teigwaren und Feldsalat.

Getrüffeltes Perlhuhn

einfach, braucht Zeit, zum Einfrieren
4 Portionen

- 2 küchenfertige Perlhühner
- Salz
- frisch gemahlener Pfeffer
- 4 Zweige frischer Thymian
- 1 schwarze Trüffel, ca. 60 g
- 3 EL Butterschmalz
- 400 ml Geflügelfond
- 200 ml Weißwein

Die Perlhühner gründlich waschen und innen und außen trockentupfen. In der Bauchhöhle mit Salz und Pfeffer würzen und je 2 Thymianzweige einlegen. Die Bauchöffnung mit Zahnstochern zustecken und die Keulen über Kreuz zusammenbinden.

Die Trüffel waschen, evtl. bürsten und trocknen. In feine Scheiben hobeln und die restlichen Stückchen fein hacken.

Die Haut am Hals der Perlhühner anheben und mit Zeige- und Mittelfinger zwischen Haut und Brust fahren. Vorsichtig das Bindegewebe lösen und die Haut vom Fleisch trennen. Dann die Trüffelscheiben unter die Haut schieben und beide Brusthälften damit belegen. Zuletzt die Haut über den Hals auf den Rücken ziehen und zwischen die Flügelspitzen stecken. Die Perlhühner mit Salz und Pfeffer einreiben.

Das Butterschmalz zerlassen und die Hälfte davon in einen großen Bräter geben. Das Fett auf dem Herd erhitzen und die Perlhühner rundherum anbraten. Dann auf den Rücken legen und das restliche Butterschmalz über die Brüste träufeln. Den Bräter schließen und auf die unterste Schiene in den vorgeheizten Backofen stellen. Die Perlhühner bei 175 °C dünsten. Nach 15 Minuten 200 ml Geflügelfond angießen und die Perlhühner weitere 30 Minuten schmoren. Dann den Deckel abnehmen. Den restlichen Geflügelfond angießen und die Hühner kurz unter dem Grill im Backofen bräunen.

Den Bräter aus dem Backofen nehmen. Die Perlhühner warm stellen. Den Bräter kippen und mit einem Eßlöffel möglichst viel Fett abschöpfen. Dann den Weißwein angießen und die Sauce im offenen Topf bei starker Hitze um die Hälfte einkochen.

Zum Servieren Garn und Zahnstocher von den Perlhühnern entfernen, die Hühner der Länge nach halbieren und je 1 Hälfte mit etwas Sauce auf vorgewärmten Tellern

anrichten. Die restlichen, gehackten Trüffeln darüberstreuen.

Als Beilage passen in Butter geschwenkte Bandnudeln und grüner Spargel.

Nährwerte pro Portion
Kilokalorien 450, Kilojoule 1900, Eiweiß/g 46, Kohlenhydrate/g 2, Fett/g 29, Ballaststoffe/g 2,9

Tip

Für dieses Gericht kann man auch eingefrorene oder eingelegte Trüffel verwenden.

Gefülltes Rebhuhn

Dazu paßt frisches Baguette oder Kartoffelpüree.

einfach, braucht Zeit
4 Portionen

- 1 große Zwiebel
- 600 g frische Steinpilze
- 2 Schalotten
- 120 g Butter
- 2 altbackene Brötchen
- 1 Bund glatte Petersilie
- 4 Rebhühner mit Innereien
- 4 Hühnerlebern
- 100 g gekochter Schinken
- 1 Ei
- Salz
- frisch gemahlener schwarzer Pfeffer
- 3 Körner Nelkenpfeffer, gestoßen
- 150 g magerer, geräucherter Schweinebauch
- 100 ml Kalbsfond

Die Zwiebel abziehen und sehr fein hacken. Die Steinpilze abwischen, putzen und etwa 100 g Pilzstengel fein hacken. Die Schalotten abziehen und ebenfalls fein hacken.

70 g Butter in einem Topf erhitzen. Zwiebel, gehackte Pilze und Schalotten unter ständigem Rühren dünsten. Vom Herd nehmen und auskühlen lassen.

Die Brötchen schälen, in Scheiben schneiden und in etwas Wasser einweichen. Die Petersilie waschen, trockenschütteln und die Blätter fein hacken.

Die Rebhühner ausnehmen, die Hühner und die Innereien gründlich waschen und mit Küchenpapier trocknen. Die Innereien zusammen mit den Hühnerlebern hacken. Den Schinken fein würfeln.

Das gedünstete Pilzgemüse mit den Innereien, dem Schinken, dem ausgedrückten Brot und der Hälfte der Petersilie vermischen. Das Ei leicht schlagen und einrühren. Die Mischung mit den Gewürzen abschmecken. Diese Farce in die Rebhühner füllen, das geht am besten mit einem Spritzbeutel und einer weiten Lochtülle. Die Bauchöffnung mit zwei Zahnstochern zustecken und die Keulen darüber mit Küchengarn festbinden. Die Halshaut unter die Flügelspitzen auf den Rücken schlagen.

Den geräucherten Schweinebauch fein würfeln und 3 Minuten in kochendem Wasser blanchieren, herausheben und auf Küchenpapier trocknen lassen.

Die restlichen Steinpilze in dicke Scheiben schneiden.

50 g Butter in einem Bräter zerlassen und die Speckwürfel darin anbraten. Die Steinpilzscheiben anbraten, salzen und pfeffern. Speck und Pilze wieder herausheben und auf Küchenpapier abtropfen lassen. Dann die Rebhühner in der Butter rundherum anbraten und schließlich auf den Rücken legen.

Speckwürfel und Pilze wieder in den Bräter geben.

Den Deckel schließen und das Gericht bei 200 °C im vorgeheizten Backofen 30 Minuten garen.

Die Form aus dem Backofen nehmen und auf den Herd setzen. Den Deckel abnehmen und den Kalbsfond angießen. Die restliche Petersilie einstreuen, die Form wieder zudecken und auftragen.

Nährwerte pro Portion
Kilokalorien 1080, Kilojoule 4540, Eiweiß/g 106, Kohlenhydrate/g 16, Fett/g 57, Ballaststoffe/g 5,0

Schmorfasan mit Pfifferlingen

einfach, braucht Zeit
2 Portionen

- 1 küchenfertiger Fasan
- Salz
- frisch gemahlener schwarzer Pfeffer
- 8 Scheiben Frühstücksspeck
- 300 g Pfifferlinge
- 2 Schalotten
- 1 Bund glatte Petersilie
- 30 g Butterschmalz
- 1/8 l Weißwein
- 1/8 l Wildfond oder Geflügelbrühe
- 40 g kalte Butter

Den Fasan innen und außen gründlich waschen und wieder trockentupfen. Mit Salz und Pfeffer innen und außen einreiben. 4 bis 5 Speckscheiben über die Fasanenbrust legen. Hals, Haut und Flügel mit Küchengarn auf den Rücken binden, dann das Garn über der Brust so kreuzen, daß die Speckscheiben gehalten werden. Schließlich das Garn hinter den Oberkeulen durchziehen und die Keulenenden festbinden.

Die restlichen Frühstücksspeck-Scheiben in feine Streifen schneiden. Die Pfifferlinge putzen und in einem Durchschlag kurz unter kaltem Wasser abbrausen. Gut abtropfen lassen.

Die Schalotten abziehen und fein hacken. Die Petersilie waschen, trockenschütteln und die Blätter fein hacken.

20 g Butterschmalz in einem hohen Bräter zerlassen. Die Speckstreifen und die Schalotten darin glasig dünsten und die Pfifferlinge zugeben. Leicht mit Salz und Pfeffer würzen und die Petersilie einrühren.

Die Pilze an den Rand der Form schieben und den Fasan auf dem Rücken hineinlegen. Das restliche Butterschmalz zerlassen und alle nicht mit Speck bedeckten Teile des Fasans damit bestreichen. Den Weißwein und den Wildfond oder die Geflügelbrühe angießen, einmal aufkochen und den Deckel schließen. Das Gericht bei 180 °C im vorgeheizten Backofen 40 Minuten garen.

Danach den Topf öffnen und die Speckscheiben von der Fasanenbrust entfernen. Die offene Form wieder in den Backofen stellen und den Fasan weitere 15 Minuten braten.

Den fertigen Fasan aus der Form heben und auf eine Platte legen. Das Pilzgemüse mit einem Schaumlöffel herausheben und zum Fasan geben. Die Platte in den abgeschalteten Backofen stellen.

Den Bratensatz in der Form mit einem Kochlöffel lösen und durch ein feines Sieb in einen kleinen Topf gießen. Die eiskalte Butter in kleinen Stücken in die Sauce einschwenken - danach nicht mehr aufkochen! Die Sauce mit Salz und Pfeffer abschmecken und getrennt zum Fasan reichen.

Den Fasan zum Servieren der Länge nach halbieren.

Dazu schmecken grüne Bandnudeln, in Butter geschwenkt.

Nährwerte pro Portion
Kilokalorien 980, Kilojoule 4110, Eiweiß/g 66, Kohlenhydrate/g 4, Fett/g 71, Ballaststoffe/g 1,7

Rezeptverzeichnis